마가복음
예수님은 누구신가?

조상연 지음

LIVING IN FAITH SERIES
MARK

Copyright © 2003 by Cokesbury

All rights reserved.

No part of this work may be reproduced or transmitted in any form or by any means, electronic or mechanical, including photocopying and recording, or by any information or retrieval system, except as may be expressly permitted in the 1976 Copyright Act or in writing from the publisher. Requests for permission should be addressed in writing to Permissions Office, 201 Eighth Avenue, South, P. O. Box 801, Nashville, TN 37202, or faxed to 615-749-6512.

Scripture quotations in this publication, unless otherwise indicated, are taken from THE HOLY BIBLE with REFERENCE Old and New Testaments New Korean Revised Version © Korean Bible Society 1998, 2000. Used by permission by Korean Bible Society. All rights reserved.

Writer: Sang Yean Cho
Cover credit: © Hubertus Kanus/Superstock

Nashville

MANUFACTURED IN THE UNITED STATES OF AMERICA

차 례

시작 글 "너희는 나를 누구라 하느냐?" ⋯⋯⋯ 4

제1과 하나님의 아들이며 그리스도인, 바로 그분 ⋯⋯ 7

제2과 죄, 병, 그리고 믿음 ⋯⋯⋯ 15

제3과 그 둘 사이에서 ⋯⋯⋯ 22

제4과 기다리고 소망하는 사람 ⋯⋯⋯ 29

제5과 같은 길을, 그러나 다른 생각을 ⋯⋯⋯ 36

제6과 배반자와의 식사 ⋯⋯⋯ 43

제7과 가까이, 그러나 아직은 먼 곳 ⋯⋯⋯ 50

제8과 만민에게 전파해야 할 복음 ⋯⋯⋯ 57

맺는 글 나는 예수님을 누구라 하는가? ⋯⋯⋯ 64

시작 글
"너희는 나를 누구라 하느냐?"
마가복음 8:29

예수께서 제자들과 함께 가아사랴 빌립보 지역 내 여러 마을을 다니시며 전도하실 때, 제자들에게 물으셨던 질문, "너희는 나를 누구라 하느냐?", 이것을 마가복음을 공부하는 이 책의 주제로 삼고자 한다.

예수님은 어떤 분이신가, 무슨 일을 하는 분이신가에 대한 깨달음과 고백으로 인해 예수님과 우리의 관계가 정립되고, 우리의 정체성이 드러나게 마련이다. 내가 나로 인해 살아가는 것이 아니라, 내가 고백하는 예수님과의 관계 속에서 내가 드러나고, 그로 인해 내가 사는 것이기 때문이다. 이렇게 본다면, 우리의 주제는 "정체성 확립"이라고 말해도 될 것이다. 이 책을 공부하는 동안, 마가복음에 흐르는 그리스도의 정체성을 발견해 가고, 그 작업 속에서 나의 모습이 드러나게 될 것이다.

물론 이 주제가 마가복음에 흐르는 여러 갈래의 물줄기 중 하나임을 우리는 알아야만 한다. 이 물줄기가 가장 굵은 것이라고 주장할 필요도 없고, 이것 외에 다른 것은 없다고 말할 수도 없다. 그럼에도 불구하고, 굳이 이 주제에 눈길을 둔 이유는 그리스도의 정체성을 발견해 보는 과정에서 우리의 모습이 드러나기를 바랐기 때문이다.

마가복음은 16장으로 구성되어 있는데, 그 중간 부분인 8장에 예수께서 "너희는 나를 누구라 하느냐"라고 질문을 던지고 제자들과 대화를 나누는 이 사건이 기록되어 있다. 또한 8장은 예수님이 갈릴리 사역을 마치시고 예루살렘으로 가는 길목에 해당되는 부분이다. 단지 장소 이동만이 아니라, 예수님의 가르침과 태도 등에서도 중요한 변화가 이 곳에서 발생하고 있음을 우리는 알 수 있다. 이 변화를 이끄는 중심 사건 속에 바로 위의 질문이 자리 잡고 있다.
또한 마가복음은 유난히 예수님의 정체성에 많은 관심을 두고 있기 때문이기도 하다. 갈릴리 지역에서 사역하실 때 예수님은 자신을 그리스도로, 혹은 하나님의 아들로 부르는 사람들을 자제시키신다. 병을 고쳐주고 귀신을 내쫓으면서도 다른 사람에게 말하지 말라고 경계하신다 (1:44). 그러던 예수님이 8장에 이르자 비로소, 자신이 그리스도이고 하나님의 아들임을 드러내기 시작하신다. 마치 물 밑에 있던 예수님의 정체성이 물 위로 떠오르는 순간과 같다. 그 올바른 의미를 일깨워 주어 오해되는 것을 경계하면서, 자신의 정체성을 밝히신다. 그리고 난 후, 예수님은 십자가와 부활 사건을 겪으신다. 이런 흐름을 지닌 마가복음에서 예수님의 정체성 확립 과정에 눈을 두는 것은 자연스럽다.
또 다른 하나의 이유는 이 땅에서 살아가는 우리에게 던져진 큰 숙제 중 하나가 정체성의 문제이기 때문이다. 미국 땅에서 살고 있는 나는 누구인가? 교회에 출석하고 있는 나는 누구인가? 우리는 누구이며, 어떤 일을 해야 하는가? 미국에 정착해 가면 갈수록 우리는 이 질문과 씨름하게 된다. 이 질문에 대한 답이 어떤 것이냐에 따라, 우리의 삶의 질도 달라진다. 우리의 이런 현실이 마가복음을 읽을 때, 자기 정체성 확립이란 큰 흐름을 볼 수 있도록 도와준다.

자기 정체성 확립이란 큰 물줄기를 매끄럽게 접근하기 위해 본문을 선정하고, 그 속에 꿈틀거리는 가르침들을 잡아 삶에 적용시키려는 모습을 본서는 가지고 있다. 이런 노력의 일환으로 다음과 같은 내용들이 드러났다.

1과: 예수님은 하나님의 아들이요 그리스도이심 (드러냄)
2과: 예수님은 죄를 용서하시는 권세가 있음 (깨달음)
3과: 예수님을 그리스도로 고백하고,
　　　그의 가르침대로 살겠다고 결단하고,
　　　행동에 옮기는 자가 제자이다 (고백, 결단, 행동)
4과: 절망 속에서 희망을 보는 사람이 제자이다 (생각)
5과: 섬기는 삶을 사는 사람이 제자이다 (태도)
6과: 관계를 회복시키는 사람이 제자이다 (교회 공동체)
7과: 이웃을 사랑할 줄 아는 사람이 제자이다 (이웃)
8과: 복음을 들고 살며 전하는 사람이 제자이다 (선교)

　예수님을 그리스도로 고백하고, 그의 가르침대로 생각과 삶이 바뀌어 갈 때 비로소 나를 찾을 수 있다. 예수님이 주시는 은혜가 내 삶의 에너지로, 그분의 가르침이 나침반으로 나를 잡아 주기에, 이 땅에 사는 내 모습이 건강하게 드러난다. 그 때서야 내가 제자가 되는 것이다. 본서를 공부하면서 여러분 자신의 건강한 자기 정체성을 확립할 수 있기를 기도한다.

제1과
하나님의 아들이며 그리스도인, 바로 그분
마가복음 1:1-15

1. 성경 이해

　마가복음의 시작 부분은 단숨에 읽을 정도의 짧은 분량이지만, 여러 개의 사건이 연결되어 있고, 수많은 가르침을 얻을 수 있는 부분이다. 따라서 분리해서 읽는 것이 좋지만, 한 본문으로 택한 이유는 이 구절들 밑에 전체적으로 흐르는 가르침 중에 하나인 예수님은 하나님의 아들이시고 그리스도라는 것에 초점을 두기 위해서이다.

　오늘의 본문은 사건 혹은 내용에 따라 여섯 개의 단락으로 나눌 수 있다: (1) 머리말에 해당하는 1절, (2) 이사야서에서 인용한 구절인 2-3절, (3) 세례 요한의 이야기를 다룬 4-8절, (4) 예수님이 세례를 받으시는 장면인 9-11절, (5) 예수님이 사막에서 시험을 받으시는 장면인 12-13절, 그리고 (6) 예수께서 말씀 전파를 시작하는 부분인 14-15절.

하나님의 아들 예수 그리스도의 복음 (1:1).

　오늘 우리가 읽게될 본문의 첫 부분인 이 구절 속에는

마가복음 속에 흐르는 큰 주제 중 하나가 드러난다. 예수님은 누구신가? 그분이 하시는 일은 무엇인가? 그리고 복음의 내용이 무엇인가? 이러한 질문의 답이 이 구절 속에 담겨져 있다.

하나님의 아들—예수—그리스도

"예수"는 이름이다. 당시에 흔했던 사람들 이름 중 하나이다. 그 예수라는 사람이 "하나님의 아들"이라고 전하면서, 예수님의 신분(being, who)을 드러내고 있다.

그리고 예수님이 하신 그 일을 염두에 두고 "그리스도"라고 부르고 있다. "그리스도"는 희랍어로 "기름 부음을 받은 자"라는 의미이고, 히브리어로는 "메시아"라고 한다. 우리는 그것을 "구세주"라는 뜻으로 받아들일 수 있다. 십자가에 달려 돌아 가셨다가 부활하신 일련의 사건을 깨닫고, 그로 인해 우리의 죄가 다 용서받았다고 해석하고, 고백하면서, 그분을 그리스도라고 우리는 부른다. 이 명칭을 통해 예수님이 하신 일이 드러난다 (doing, what).

이렇게 풀어놓고 다시 정돈해 보면, 이 구절이 의미하는 것이 명료해진다. 예수님은 하나님께서 직접 보내신 아들인데, 그분이 한 일은 우리의 죄를 대신 짊어지시고 돌아 가셨다가 부활하신 것이다. 그래서 그분은 우리의 그리스도이시다. 다시 말해서, 그리스도가 하신 일 중에 제일 중요한 것은 죄로 인하여 하나님으로부터 떨어져 살던 인간을 하나님과 다시 결속시켜 주는 것이다. 이렇게 이 구절은 예수님이 누구인지, 그리고 무슨 일을 하실 것인지를 밝힘으로써 예수님의 정체성을 드러내고 있다.

이런 내용이 1절부터 15절에 나오는 일련의 사건들 속에서 다시 한번 드러나고 선포되고 있다. 우리는 11절에서 하나님이 직접 선포하는 음성을 읽을 수 있다. "너는 내 사랑하는 아들이라." 또한 우리는 세례 요한이 잡힌 후 15절에 예수께서 갈릴리에 오셔서 사역을 시작하시는 것을 볼 수 있다. "하나님 나라가 가까이 왔으니 회개하고 복음을 믿으라." 이 두 선포를 중심으로 다른 사건들이 전개되는 양상을 보인다.

나보다 능력 많으신 이가 내 뒤에 오시나니 (1:2-8).

세례 요한이 예수님의 앞길을 준비하기 이전, 구약시대 때에 세례 요한의 역할이 예언되었다 (2-3절). 메시아가 오시기 전에, 그의 출현을 알리며 그분이 걸어야 할 길을 준비하는 일을 맞게 될 것이다.

이 예언에 걸맞게 때가 되니 세례 요한이 등장한다 (4-8절). 약대털 옷을 입고 가죽띠를 맨 사람이 광야에서 죄를 회개하라고 외치고, 그 증표로 세례 받을 것을 촉구한다. 요단 강에 와서, 말씀을 듣고, 마음을 돌이킨 사람들이 회개의 세례를 받는다.

이 때 요한은 예수님의 출현을 예고한다. 능력이 자기보다 월등히 뛰어나기에 자기는 그의 신발끈을 풀기도 감당할 수 없다고 말한다. 자기는 회개의 세례를 베풀지만 그는 성령의 세례를 베풀 것이라고 외친다. 메뚜기와 석청을 먹으면서 생존하는 그가, 풍성한 영적 양식이 다가옴을 선포하고 있다.

너는 내 사랑하는 아들이라 (1:9-13).

그 때 예수님이 요단 강에 등장하신다. 세례 요한에게 세례를 받으신다. 예수님은 하늘이 갈라지며 성령이 비둘기 같이 본인에게 내려오는 것을 보신다. 그리고 "너는 내 사랑하는 아들이라"는 하나님의 음성을 들으신다. 이 절정을 위해, 성경의 예언이 인용되고, 그에 맞는 세례 요한의 출현, 그가 깔아 놓은 길을 걸어 예수님이 등장하셨다.

이 웅장한 절정은 예수님이 광야에서 시험받는 사건에 의해 더욱 농도가 짙어간다 (12-13절). 그는 홀로 사막에 던져져 있지 않으셨다. 하나님의 아들답게 동물들과 어울려 지낼 수 있으셨고, 계속해서 천사의 도움을 받으셨다. 시험을 받으셨지만, 충분히 극복하신다.

"너는 내 사랑하는 아들이라"고 하는 음성을 통해, 우리는 예수님의 신분을 깨달을 수 있다. 이것은 마가복음 전체를 이끌어 가는 중요한 주제 중 하나이다. 고비 때마다 예수님은 당신이 하나님의 아들임을 자의반 타의반 확인하신다. 우리는 예수님이 제자들과 산에 올라가셔서 엘리야와 모세와 더불어 대화를 나누었던 사건을 기억한다 (9:2-8). 그 때에도 하나님의 아들임을 확인하는 음성을 들으신다. 예수님이 십자가에 달려 돌아가실 때 죄목 중 하나가 하나님의 아들이라고 자신을 밝힌 것 때문이다 (14:61). 예수님이 십자가에 달려 돌아가실 때 백부장 한 사람이 이분이 하나님의 아들임을 고백했다 (15:39). 마가복음은 예수님이 하나님의 아들이시라는 정체성을 왜 그렇게 강조할까? 그것은 예수님이 하나님의 계획에 따라 인간을 구원하기 위해 오신 구세주이시기 때문이다.

회개하고 복음을 믿으라 하시더라 (1:14-15).

그 후에 예수께서 말씀 전파를 시작하신다 (14-15절). 세례 요한이 잡힌 후, 갈릴리 지역에서 첫 사역을 시작하셨다. 14-15절 속에서 예수께서 하실 일에 대해 좀 더 들을 수 있다 (doing, what). 세례 요한이 잡힌 후, 예수님이 갈릴리에 오신다. 이미 때가 찼고 하나님 나라가 가까이 왔으니 "회개하고 복음을 믿으라"고 전파하신다.
　예수님은 복음을 전하는 자이시며, 동시에 복음의 핵심이시기도 하다. 예수님은 우리에게 오셔서 말씀을 증거해 주시고, 십자가에 달려 돌아가시고, 부활하셨기에 우리의 죄가 용서함 받는다. 우리가 죄를 회개하고 예수를 믿으면, 구원을 얻게 된다. 그래서 우리는 그를 그리스도라고 고백한다. 이런 복된 소식을 받아들이고, 그것을 복음이라고 칭한다. 예수님은 복음 전하는 자이며, 동시에 복음 그 자체이시다. 예수님이 그렇게 하신 일 때문에 우리는 그를 "그리스도"라고 부르는 것이다.
　이렇게 마가복음의 첫 부분에 해당하는 오늘의 본문은 예수님이 하나님의 아들로 이 땅에 오셔서 그리스도의 직분을 감당하게 될 것임을 웅변적으로 말해 주고 있는 부분이다.
　예수님이 자신의 정체성을 확인해 나가는 과정과, 자신이 할 일을 명확히 알고, 때가 되었을 때 그 일을 시행하는 그의 모습을 오늘의 본문 속에서 들여다 볼 수 있다. 예수님은 자신의 신분과 사명을 확인하시면서 자신의 모습을 분명히 세우신다. 이런 확립을 밑바탕에 깔고 일을 추진해 나가신다.

2. 생활 속의 이야기

우리 모두는 한국인으로서의 정체성을 띠고 살았었다. 한국에서 태어나 한국말을 하고, 그 곳에서 자라면서 생긴 가치관과 삶의 신념, 그리고 믿음 등이 우리 속에 있었다. 단지 알고 있었고 믿어 왔던 그것이, 미국이라는 새로운 땅에 더 이상 적용이 되지 않음으로 인해, 우리의 정체성이 뿌리 채 흔들리고 있다.

대한민국에서 태어나 알뜰살뜰 생활을 꾸려 나가던 우리의 모습을 자랑스럽게 여겼는데, 이 미국 땅에 와서는 그렇게 여겨지지 않는다. 이제까지 소중하게 간직했던 가치관과 문화가 잘 어울리지 않는, 어떤 때는 전혀 상관이 없는 것처럼 생각이 드는 땅에서 우리가 살고 있다. 나의 유창한 한국어가 오히려 일하는 데 방해가 된다. 이 땅의 언어를 잘 구사하지 못함에 대한 열등감도 많다. 뿌리 채 옮겨 놓은 나무처럼 우리는 서성거리며 살고 있다.

그러한 이유로 우리의 아픔과 갈등 밑바탕에는 정체성의 불확실성이 거머리처럼 붙어 앉아 있다. 언어와 문화가 다르기 때문에 내가 하고 싶은 것을 하지 못하며 살 때가 많다. 하나님께서 내게 주신 재능을 마음껏 발휘하지 못하며 살고 있다고 생각들 때가 많다. 내가 피땀을 흘려가며 공부한 내용을 발휘하지 못할 때가 많이 있다. 그래서 내가 누구인지, 무엇을 해야하는지 몰라 좌초하는 배같이 흔들리고 있을 때가 많다. 우리에게 필요한 것은 이 땅에서 두 발을 디디고 의미 있게 생활하는 데 도움을 주는 새로운 정체성의 확립이다. 나의 정체성을 확립해 주는 데 도움이 되는 것은 무엇일까?

3. 묵상을 위한 질문

(1) 예수님이 "하나님의 아들"이시며 "그리스도"라는 점이, 실생활에서 어떻게 우리를 변화시켜주고 있으며, 어떻게 힘으로 나타나고 있으며, 어떠한 길로 우리를 인도해 주신다고 나는 믿고 있는가?

(2) 우리는 교회생활을 하는 가운데 그것이 한국적이다 혹은 한국적이 아니다 라는 표현을 자주 한다. 한국적이란 말은 무엇을 뜻하는가? 그리고 한국적인 것을 살려서 미국에서 생활하고 있는 그리스도인인 우리가 이 미국에 무엇으로 공헌할 수 있다고 생각하는가?

4. 결단에의 초청

미국 땅에 사는 한국인들의 75% 정도가 교회에 적을 두고 있다고 한다. 교회에 와서 우리는 한인들과 어울리고, 한국 음식을 먹으며, 이 땅에서 겪는 어려움, 갈등, 그리고 향수를 극복해 나간다. 이렇게 하여 교회가 한인들 삶의 한 부분으로 자리잡아 가고 있다.

오늘 본문은 이 정도에 머무르지 말고, 그 곳에서 더욱 발전해 나가라고 우리에게 도전한다. 단지 교회에 와서 향수만을 달래서는 우리의 근본적인 문제가 해결되지 않는다. 하고 싶은 한국말로 시끌벅적하게 떠들고 간다고 해서 우리의 갈증이 해소되지 않는다. 우리가 남인가를 외치면서 끼리끼리 살아갈 것을 다시 한번 확인하며, 나는 외톨이가 아니라고 속으로 외친다고 해서 우리의 깊은 외로움이 해소되고, 우리의 영혼이 넉넉해지는 것은 아니다.

오늘 본문은 예수님이 하나님의 아들이고, 그리스도이심을 다시 한번 우리에게 확인시켜 준다. 예수님의 정체성을 똑바로 깨닫고 고백하는 것을 통해, 나의 정체성이 드러나고, 내 삶이 결실을 맺을 수 있는 축복의 삶이 될 것이라고 내 귀에 대고 외친다.

우리는 교회에서 전하는 복음을 받아들이고 예수님을 그리스도로 고백해야 한다. 하나님의 아들인 그분이 이 땅에 오셔서 우리를 위해 대신 돌아가셨음을 알고 깨닫고 진정으로 마음으로 받아들여야 한다.

복음이 내게 들어오면, 나의 갇혔던 정체성이 새로워진다. 하나님 앞에서 자신의 신분과 사명을 깨닫고 복음 전파를 시작했던 예수님의 정신이 우리 속에 들어와 꿈틀거리기 시작한다. 예수님 안에서 우리는 우리의 정체성을 새롭게 해석하고 받아들일 수 있다. 예수님을 받아들임으로 우리는 새롭게 태어나 예수 안에서 한 가족이 된다.

그 예수님은 우리에게 복음을 전하라는 새로운 사명을 주신다. 미국에서 살고 있는 한인으로 우리가 해야 할 일이 눈앞에 펼쳐지는 것이다. 이 일을 감당함으로써 우리는 건강한 그리스도인이 되고, 또한 이 미국 땅에 공헌하면서 살아가도록 하자. 미국 땅에 살면서 흔들리는 정체성이 아니라 어느 곳에 가든지, 어떤 일을 하든지 맡은 것을 잘 감당하는 사람이라는 확고한 정체성을 이 땅에 뿌리내리도록 하자.

제2과
죄, 병, 그리고 믿음
마가복음 2:1-12

1. 성경 이해

한 중풍병자가 있었다. "사람들이" 그 환자를 예수님 앞에 데리고 가기를 원하는데 뜻대로 되지 않았다. 가버나움의 한 집에 예수님이 머물러 계셨는데, 그 소식을 듣고 너무나 많은 사람들이 몰려왔기 때문이다. 할 수 없이 "사람들이" 네 명에게 그 중풍병자를 메우게 하고 (3절), 지붕 위로 올라간다. 지붕을 뜯어 구멍을 내고 환자를 예수님 앞으로 내려보낸다 (4절).

예수께서 저희의 믿음을 보고 (5절) 감동하신다. 서기관들과 약간의 논쟁을 하신 후, 중풍병자를 고쳐주신다. 그 환자가 일어나 침상을 걷어서 밖으로 걸어 나간다. 기적을 보고 주변에 있던 사람들이 다 놀라 하나님께 영광을 돌리고 처음 보는 일이라고 감탄해 마지않는다 (12절).

그 계신 곳의 지붕을 뜯어 구멍을 내고 (2:1-4).

정교한 묘사와 환자를 데리고 온 "사람들의" 태도 때문에 우리는 곧 감동을 받고 그들의 "믿음"에 초점을 둔다. 그 방향에서 본문을 해석하고 우리의 삶에 적용하곤 했다.

그런데, 본문을 자세히 보면, 이렇게 해석하기에는 껄끄러운 점들이 있다. 그래서 해석의 관점을 바꾸어야 될 것을 느끼게 해준다.

우리는 환자를 데리고 온 사람들이 친구였을 것이라고 생각하는데, 근거가 확실하게 있는 것이 아니다. 3절에 "사람들이 한 중풍병자를 네 사람에게 메워 가지고"라고 되어 있다. "네 사람"이 "사람들"에 속해 있는 분들인지, 아니면 그분들의 종인지 잘 모르겠다. 이 "네 사람"이 중풍병자의 친구인지는 더욱이 모른다.

중풍병자가 아무 말도 하지 않는 것도 애매하다. 예수님 앞에 나아가게 될 때도, 예수 앞에 나와서도, 그리고 병 고침을 받았는데도 아무 말을 하지 않는다. 물론 이 환자를 데리고 온 네 명의 사람도 아무런 말을 하지 않는다.

이 외에도 문학적 특징이 우리의 관심을 끈다. 본문은 두 이야기가 하나로 섞인 듯한 인상을 준다. "사람들이" 예수님에게 중풍병자를 데리고 왔을 때 (1-5상반절), 바로 예수님이 중풍병자에게 "네 상을 가지고 집으로 가라"(11절)고 말씀하셨으면 이야기가 매끄럽게 전개되었을 것이다. 그런데 그렇게 하지 않았다. 중간에 서기관들과 논쟁을 벌리신다 (5하반절-10절). 내용은 예수님에게 죄를 용서하는 권세가 있는가 없는가에 관한 것이다. 예수님의 일방적 선포 후 논쟁은 끝난다. 그 후, 환자를 고치신다.

마치 논쟁하는 부분(5하반절-10절)과, 환자를 고쳐주는 부분(1-5상반절; 11-12절)이 서로 얽혀 있는 느낌이다. 아니 환자 고치는 이야기 중간에, 논쟁하는 이야기가 삽입되어, 환자를 고쳐주는 것보다 논쟁하는 것이 더 중요한 것임을 암시하고 있다.

이렇게 생각해 보면, 본문을 해석할 때 우리의 관심을 중풍병자가 나았다는 것보다는 예수님에게 죄를 사하는 권세가 있는가에 대한 논쟁을 하는 부분에, 그리고 병을 낫게 하는 데 공헌을 한 네 명의 사람보다는 예수 그리스도에게 더 관심을 두어야 한다는 것을 깨닫게 된다. 그것을 중심으로 병 나은 것을 포함시키면서 본문을 이해하는 것이 더 설득력 있다는 것을 알 수 있다.

인자가 땅에서 죄를 사하는 권세가 있는 줄을 너희로 알게 하려 하노라 (2:5-10).

환자가 지붕에서 내려오는 상황에서 가장 밝히고 싶었던 것은 예수님이 땅에서 죄를 사하는 권세가 있음을 알려주려는 것이었다. 당시 예수님이 집 안에서 말씀을 전하고 계셨는데, 아마 그 내용도 이와 관련된 것인지 모르겠다. 그래서 환자가 지붕에서 내려 왔을 때 "네 죄 사함을 받았느니라"(5절)고 말씀하신 것이다.

이것이 서기관들의 심기를 건드렸다. 그들이 믿기에 죄 사하는 권세는 하나님밖에 없기 때문이었다. 예수님이 하나님의 아들이요, 그래서 하나님과 같은 권세를 가지고 계심을 알지도 못했고, 믿고 싶지도 않았다.

이들의 심정을 아시고 예수님은 곧 환자를 고쳐주신다. 그래서 당신이 죄 사하는 권세가 있음을 입증하신다. 당시 유대인들은 모든 병의 근원은 죄와 관계 있다고 생각했다. 죄의 문제가 해결되어야 병도 낫는다고 생각했다. 그런데 지금 환자의 병이 나았다. 예수님 당신이 죄의 문제도 해결할 권세가 있음을 입증해 보인 셈이다.

예수께서 많은 질병을 고치셨지만, 모든 치유가 다 죄와 연관된 것으로 예수님은 말씀하지 않으셨다. 오히려 그와 반대로 하나님의 영광을 나타내기 위한 것으로 말씀하신 적도 있으시다 (요한복음 9:3). 그러나 이 환자에게서만은 죄와 질병을 연결시켜 해결하셨다.

핵심은 예수님에게 죄를 용서하실 권세가 있다는 것이다. 이것과 연관되어 있든, 혹은 분리되어 있든지 예수님에게 또한 질병을 고치실 권세도 있다는 것이다. 하나님에게 속한 이것이 하나님의 아들인 예수 그리스도에게도 있다는 이 사실을 우리가 믿는 것이 중요하다.

이런 일을 도무지 보지 못하였다 (2:11-12).

그 곳에 있던 사람들이 예수님에게 죄를 사하는 권세가 있음을 알았을까? 예수님에 대한 소문을 듣고 찾아 온 "많은 사람들"과 병 낫기 위해 환자를 데리고 왔던 "사람들"과, 예수님과 논쟁을 벌였던 "서기관"들이 그 기적을 보았는데, 예수님의 권세에 대해 분명히 깨닫고 고백했을까?

12절에 보면, "모든 사람들… 이런 일을 도무지 보지 못했다고…"라고 말하는 모습만을 본다. 그들은 중풍병자가 일어서는 것에 놀래서, 하나님께 영광을 돌렸다. 그들은 예수님의 병 고치는 능력은 보았지만, 죄를 사하는 권세가 있음은 깨닫지 못했을 것이다. 그들은 기적을 보고 놀래기는 했을지 모르지만, 자신의 죄를 들여다 볼 용기도 깨달음도 없었을 것이다. 마치 우리가 드라마틱한 이 장면에 빠져 핵심을 놓친 것처럼, 그들도 기적에 눈이 끌려, 예수님이 말씀하시고자 했던 핵심을 놓친 것이다.

2. 생활 속의 이야기

　모든 질병이 다 그런 것은 아니지만 때때로 우리에게 발생하는 질병 중 어떤 것은, 인간 내면 깊숙한 곳에 처박혀 있는 죄로 인해 생기기도 한다. 죄책감, 외로움, 좌절감, 그리고 고립감 등이 그것이다. 이런 것들은 씻을 수 없는 죄의 근성들이다. 이러한 죄의 근성들이 계속해서 우리의 심리와 영혼을 괴롭혀, 우리의 정체성을 흔들거나 무너지게 한다. 그것이 발전하여 질병이 된다.
　그리고 우리의 욕심과 한계로 인해 질병이 발생하기도 한다. 이러한 것들도 죄의 근성들이다. 지나친 욕심으로 가족, 친구, 그리고 직장 동료들과의 관계가 깨지기도 한다. 공연한 오해가 확대되어 원수지간이 된다. 주변 사람들이 한 말이 마음에 남아 침이 되더니, 그것을 품에 안고 자고 일어나니 독침으로 변한 경우도 있다. 이런 상황 속에 휩쓸리면 마음이 아프게 된다. 그것이 발전되면 질병으로 변하여 몸으로 터지게 된다.
　밤과 낮으로 바삐 뛰어야만 하는 생활고 때문에 자녀들의 마음이 상하게 될 때가 있고, 심하면 자녀들이 옆길로 빠지게 될 때도 있다.
　이민교회! 알게 모르게 과녁의 핵심을 벗어나 병들어 있을 때가 많다. 예수님 때문에 죄 용서함 받았다는 진리는 팽개치고, 위안과 사랑과 축복을 위해 존재하는 교회가 되어 버릴 때가 있다. 이런 경향에서 벗어나게 도와주는 것은 무엇일까? 예수님이 우리의 죄를 용서해 주셨다는 선포 안에 모든 출발점을 두도록 도와주는 것은 무엇일까?

3. 묵상을 위한 질문

(1) 신앙인들 중에는 죄와 병을 하나로 취급하여 현대 의학을 거부하고 기도로만 육신의 병을 고치려고 애쓰는 사람들이 있다. 나는 그러한 믿음을 어떻게 생각하는가?

(2) 예수 그리스도를 통해 내 죄가 용서받았다고, 나는 분명히 고백하는가?

4. 결단에의 초청

하나님의 아들 예수, 그분이 십자가에 달려 돌아가심으로 인해 우리의 죄가 용서받게 되었다는 것, 이것이 우리 신앙의 핵심이요 출발점이다. 이것이 복음의 알맹이요 전부이다. 우리가 때로는 사람들과 논쟁할 때에 양보할 수도 있다. 그러나 마지막까지라도 양보할 수 없는 것, 그것이 바로 예수님이 우리의 죄를 위해 돌아가셨고, 그것으로 인해 우리의 죄가 용서받았다는 고백이다.

질병이 낫는 것은 그 다음의 일이다. 예수 그리스도에게 나아가면 우리의 병이 나을 수 있다. 믿음으로 당신에게 오는 사람들에게 예수님은 병을 고쳐주셨다. 때로 우리가 믿음의 기도를 통해 지금도 이런 기적이 일어나고 있음을 볼 수 있고, 들을 수 있다. 그러나 이것도 예수 그리스도를 통해 우리의 죄가 용서받았다는 사실 다음의 것이다. 교회 안에서 사랑의 교제를 나누는 것도 마찬가지다. 많은 사람들이 사랑에 목말라 교회를 찾는다. 외로운 이민생활인데 교회에 따뜻한 사랑이 넘치면 얼마나 좋겠는가? 아무리 그래도, 이것도 예수 그리스도를 통해 우리의 죄가 용서함 받았다는 사실 다음의 것이다.

이런 경우에 우리 마음속에 있어야 할 것이 예수 그리스도이시다. 그분이 나의 원천적인 죄를 용서해 주기 위해 십자가에 달려 돌아가시고 부활하셨다는 사실을 믿고 고백해야 한다. 죄책감을 떨쳐 버리고 그분의 손을 잡고 일어나야 한다. 그가 중풍병자에게 말하지 않았는가! "네 상을 가지고 모든 사람 앞에서 나가거라." 내가 마음속에 짊어지고 있던 상(mat)을 들어 던져버려야 한다. 예수 그리스도의 이름으로 떨쳐버려야 한다. 그 속에 그리스도가 주는 평화가 깃들 것이다. 그로 인해 내 질병이 깨끗하게 낫게 될 것이다. 그로 인해 나에 대한 이해와 사랑이 무럭무럭 자라게 된다. 건강한 자아를 통해, 건강한 정체성을 확립할 수 있다.

우리 주변을 둘러보면, 마음에 중풍이 들어 절뚝거리며 사는 영혼들이 있다. 벗어 던져버려야 할 상(mat)을 꼭 품에 안고 살아가는 이들이 있다. 그들에게 예수께서 죄를 사하시고, 질병을 다스릴 권세가 있음을 가르쳐 주고, 믿도록 해야 할 "사람들"이 바로 우리이다. 예수 안에서 죄, 질병, 그리고 믿음이 만나 다스려질 때, 기적이 일어남을 전하고, 예수님 앞으로 데리고 나오는 일을 해야 할 "사람들"이 바로 우리이다.

제3과
그 둘 사이에서
마가복음 8:27-9:1

1. 성경 이해

예수님과 제자들이 가이사랴 빌립보 지역에서 사역하다가 나눈 대화가 오늘의 본문이다. 베드로가 예수님을 그리스도로 고백하는 장면이 묘사되어 있기에 우리에게 친숙한 본문이다. 또한 본서의 핵심 본문에 해당하기에 소중하게 여겨진다.

가이사랴 빌립보는 갈릴리 지방 위쪽에 있다. 분봉왕 중 하나인 빌립이 다스리고 있는 지역이다. ("분봉"이라는 단어는 한 나라를 넷으로 나누어 다스리는 ¼에 해당되는 부분을 뜻한다. 팔레스타인은 셋으로 나뉘어져 있었지만 로마 정부는 정치구조로 이 단어를 그대로 사용하였다.) 이 지역은 구약시대에는 바알(Baal) 예배의 중심지이기도 했다. 그리스의 신 중 자연의 신이라고 불리는 판(Pan) 신의 출생지라고 알려지기도 한다. 그 곳에서 가까운 헬몬 산 쪽으로 조금 더 올라가면 빌립이 로마 황제를 위하여 세운 흰 대리석의 찬란한 신전이 있다. 베드로는 이 곳에서 나사렛의 방랑 교사요, 십자가를 향해 가고 있는 예수님을 그리스도라고 고백한 것이다. 이교도의 기운이 서려 있는 곳에서 그리스도를 고백하였다.

이해를 돕기 위해 본문의 구조를 살펴보고 정돈해 보면 다음과 같다.

>| 배경 | 27상반절 |
>| 베드로의 고백 | 27하반절-30절 |
>| 첫 번째 수난 예고 | 31절-9장 1절 |
>| 예고 | 31절-32상반절 |
>| 베드로와의 갈등 | 32하반절-33절 |
>| 제자도 설명 | 34절-9장 1절 |

이 구조를 밑바탕에 깔고 다음과 같은 흐름을 유지하고 있다: 예수님은 누구신가? 그리스도가 된다는 것은 무엇을 의미하는가? 제자가 된다는 것은 무엇을 의미하는가?

너희는 나를 누구라 하느냐 (8:27-30).

"사람들이 나를 누구라고 하느냐"라는 예수님의 질문에 제자들이 세례 요한, 엘리야, 혹은 선지자라고 대답한다 (28절). 세례 요한은 당대의 설교자로 꼽히는 사람이다. 그의 설교를 듣고 사람들이 죄를 회개하고 요단 강에서 세례를 받았다. 예수님을 설교가요 스승으로 생각하는 것이다. 엘리야는 기적의 예언자로 그려져 있다. 갈멜 산에서 물 부은 제단에 기도로 불을 붙인 사람이다. 그의 능력을 염두에 두고 예수님을 엘리야라고 부르고 있는 것이다. 선지자들은 하나님의 말씀을 받아 전하는 역할을 감당한 사람들이다. 예수의 사역 중 한 쪽을 보고 말하고 있다.

예수님이 제자들에게 다시 물으신다 (29절). 그러면 "너희는" 나를 누구라 하느냐? 베드로가 답한다. 주는 그리스도시니이다. "그리스도"와 "메시아"는 같은 뜻이다.

그것은 본래 "기름 부음을 받은 자"라는 뜻이다. 구약시대 때 제사장들이 머리에 기름 부음을 받고 그 역할을 수행하기 시작했다. 하나님과 인간 사이에서 속죄의 제물을 준비하고 하나님께 드렸던 제사장. 이 역할을 완전하게 수행할 분을 이스라엘 사람들은 기다려 왔다. 그분이 인간의 모든 죄를 완전하게 씻게 해줄 수 있는 분이라고 믿으면서 기다려 왔다. 그분이 바로 당신이라고 고백하고 계시는 것이다. 당신이 바로 그 구세주라고 말씀하고 계시다.

네가 하나님의 일을 생각하지 아니하고 도리어 사람의 일을 생각하는도다 (8:31 – 9:1).

예수님이 고난 받고, 버린 바 되고, 죽임을 당한 후 사흘 만에 살아 날 것을 가르치신다 (31절). 여기에 쓰여진 "비로소"라는 단어가 인상적이다. 제자들의 믿음이 성숙해 졌을 때, 그 때서야 고난을 말하고 그 의미를 생각하게 하신다. 이제까지는 예수님의 권능과 능력에 중점을 두고 말씀해 오셨다. 지금부터는 예수님의 고난과 죽음을 말씀하고 계시다. 예수님이 죽으시고 다시 사시는 사건들이 마가복음 14 – 16장의 내용을 이룬다.

예수님을 너무나 사랑하는 베드로가 예수님을 붙들고 "항변하매" (32하반절), 예수님이 오히려 "꾸짖는다" (33절). 한글 성경에서 사용된 "항변하매"와 "꾸짖는다"는 동사는 똑같은 단어이다. 영어 성경에는 두 군데 다 "rebuke"(리뷰크)라는 단어로 번역되어 있다. 비난하고, 견책하는 의미가 담겨있다. "사람의 일"을 생각하는 베드로가 "하나님의 일"을 생각하는 예수님을 비난하고 조언하고 있다. 고통 없는 능력, 고난 없는 영광에 대한 유혹을 베드로로부터 느낀다. 예수님은 그것을 사탄의 움직임으로 보셨다. 예수께서는 자신의 뒤로 물러가라고 호통을 치신다.

 예수님은 제자들에게 올바른 제자의 모습을 다시 한번 가르쳐 주신다 (34절). 제자라면 "자기를 부인하고 자기 십자가를 지고" 예수님을 쫓아야 한다. 자기를 부인하는 일은 자기 안에 있는 욕심을 버리는 것이다. 십자가를 진다는 것은 자신의 아픔보다는 다른 이들의 아픔과 좌절을 자기가 같이 겪고 기쁜 마음으로 맞이하는 것이다.

 제자가 된다는 것은 예수님처럼 자신을 희생하면서 사는 것이다 (35절). 예수님의 말씀을 부끄러워하지 아니하고, 목숨을 걸고 전하는 이들이 오히려 주님 안에서 새롭게 태어날 것이다. 예수님이 오시는 그 때에 예수님으로부터 부끄러움을 당하지 않을 것이다. 이 말씀은 박해받고 죽음을 당했던 초대교인들에게 용기와 힘을 주었을 것이다. 바로 그만큼 오늘날 우리에게 도전을 준다.

2. 생활 속의 이야기

 때때로 예수님이 우리의 영혼과 생각 속에 그리스도로 고백 될 때도 있을 것이고, 윤리 선생으로만, 혹은 한 위대한 인간으로만 자리매김 하고 있을 때도 있을 것이다. 자신의 모습을 오늘의 말씀 앞에서 솔직하게 드러내어 보면 의외로 흔들리는 모습을 볼지도 모른다. 우리는 혼동하고, 흔들리며, 그럭저럭 신앙생활하고 있는지도 모른다.

 사람들 앞과 하나님 앞에서 그 고백을 하고는 있지만,

그 고백에 일치하는 생활을 하며 살아가기를 힘들어할지도 모른다. 그렇게 하기에는, 내가 나약하고 두렵기 때문이다. 무엇이 "사람의 일"이고 무엇이 "하나님이 일"인지가 확실하지 않아서, 아니 어떤 때는 알지만 하고 싶지 않아서 흔들리는 때도 있다. 우리는 "사람의 일"과 "하나님의 일" 사이에서 날마다 방황하며 살고 있다.

교우들에게 "예수님이 그리스도이심을 고백하십니까? 그분으로 인해 당신의 죄가 용서받으셨다고 믿으십니까?"라고 물으면, 시원하게 대답하지 못하는 분들이 간혹 있다. 미국에 와서 처음으로 신앙생활을 하기 시작한 사람들에게 이와 같은 질문을 했을 때, 확실하게 대답하지 못하는 것은 이해가 가지만, 오랜 신앙생활을 하면서 화려한 교회 경력을 가지고 있는 사람들 중에도 예수님이 그리스도이심을 자신 있게 고백하며 살지 못하는 사람들이 간혹 있다. 우리가 교회 내에서 어떤 사역을 시작하기 전에, 사역하다 낙심했을 때, 자신에게 꼭 묻고 반드시 확인해야 할 것이 바로 이 질문이다.

3. 묵상을 위한 질문

(1) 나에게 예수님은 누구신가? 나는 그분을 나의 구세주로 확실히 고백하는가? 예수님이 구세주이심을 확실하게 믿는 사람들의 모습은 어떻게 나타나는가?

(2) 그리스도인으로 십자가를 지며 산다는 것이 무엇을 의미하고, 구체적으로 어떻게 사는 것이 십자가를 지고 사는 삶인지 서로 토의해 보자.

4. 결단에의 초청

본문을 읽다보면, 예수님이 우리 영혼 속에 던지는 질문을 들을 수 있다. "너는 나를 누구라 하느냐?" 나는 어떤가? 내 입술에서 예수님이 나의 그리스도라는 고백이 흘러나오고, 나의 손길에서 예수님이 드러나고 있는가?

예수님의 제자가 되기 위해서는 고백과 결단이 필요하다. 예수님이 누구신가에 대해 끊임없이 자신에게 묻고 대답하고, 그분이 보여준 대로 살겠다는 결단과 행동이 이어져야 한다. 그래야, 그리스도인이라고 불릴 자격이 있다. 그로 인해 이 미국 땅에 사는 나의 정체성이 드러나고 삶의 의미를 찾을 수 있을 것이다.

예수님은 그의 손을 내밀어, 흔들리는 우리의 생각을 붙잡아 주려고 하신다. 비틀거리는 내 발걸음을 잡아 주려고 하신다. 그분은 우리에게, 그리스도를 영접할 것을, 그 예수님이 가르쳐 주신대로 살 것을, 결단할 것을, 그리고 삶 속에서 그리스도의 향기를 품어 내며 살아갈 것을 요구하신다. 그로 인해 나의 신앙생활이 정립되고, 그로 인해 내 삶이 안정되고 넉넉한 결실을 맺기 때문이다. 이것이 나의 정체성이 아니고 무엇이겠는가?

예수님의 말씀 때문에 사자 밥이 된 사람들이 있고, 지금도 불모지에 가서 복음을 전하는 선교사들이 있고, 사랑의 헌신을 하고 있는 이들이 있다. 그것이 주님께서 본인들에게 허락하신 은혜에 보답하는 길이요, 주께서 말씀하신 십자가를 지는 일이라고 믿기 때문이다.

어디 이들만 예수를 따라가는 사람들이겠는가? 바로 내 삶 속에서 그리스도를 고백하고 그분을 드러내고 사는 것도 또한 예수를 따르는 삶이다. 자신의 시간과 삶을 드려서 아이를 키우는 것도 예수님을 드러내며, 직장에서 열심히 맡겨진 일을 하는 것도, 없는 돈 털어서 가난한 자들과 나누면서 사는 것도 예수님을 따르는 삶이다. 그들도 예수님의 제자들이다. 예수께서 칭찬할 모습들이다.

주위를 둘러보아라. 예수님의 제자로서 감사하는 마음으로 할 일이 많이 있다. 조금만 봉사하는 마음으로 살겠다고 결심해 보아라. 미국에서 사는 자랑스러운 한인으로 자원봉사하며 헌신하고 기쁨을 얻을 일들이 주변에 많이 있다. 우리가 업신여겼던 대상이 오히려 우리에게 봉사할 기회를 주고, 오히려 우리에게 삶의 보람을 느끼게 해주는 도구가 되어 우리 옆에 있게 될 것이다.

예수님이 나의 구세주라는 고백을 가슴에 품은 그리스도인들이 가야 할 길이 있다. 예수님이 십자가를 지고 가신 그 길이다. 그 고백을 영혼 속에 담고 있는 사람들이 보여야 할 태도가 있다. 예수님이 보여주신 그 태도이다. 복음을 부끄러워하지 않고, 그 복음을 위해 자신의 목숨을 거는 것이다. 예수님이 다시 오실 그 날에 내가 부활하고 그분으로부터 환영받을 날이 있음을 알고 지금 당당하게 복음을 전하고 그것을 붙들고 사는 것이다.

지금 이 순간 결단하라! 예수님이 그리스도임을 다시 고백하고, 그분이 보여 주신대로 살겠노라고 결심하라! 삶 속에서 이 고백과 결단이 행동으로 나타나도록 하라! 그런 내가 그리스도인이라고 불릴 것이고, 예수님의 따뜻한 환영을 받을 것이다. 자신이 누구인지 알고, 이 미국 땅에서 꿋꿋하게 살아가는 한국인이 될 것이다.

제4과
기다리고 소망하는 사람
마가복음 15:42-47

1. 성경 이해

그리스도인들에게는 예수님의 죽음과 부활이 가장 핵심적인 신앙고백이기 때문에 절망 속에서도 희망을 바라볼 수 있다. 예수님으로 인해 죄를 용서받고, 구원받고, 천국에 들어갈 수 있기 때문이다.

예수님의 죽음과 부활 사건 사이에 놓여 있어서 이 두 사건만큼이나 중요함에도 불구하고 그렇게 주목받지 못하는 것이 예수님을 세마포에 감싸서 매장하는 장면이다.

아직 교회의 모습이 제대로 갖추어지지 않아 교리에 대한 논란이 많았던 초대 그리스도인들에게는 이 장면이 무척 중요했다. 완전히 인간이면서 또한 완전히 신이신 예수님이 죽어 시체가 되어 무덤에 누워 계셨다는 사실을 인정하는 것이 중요했다. 이 논란은 1세기 말엽부터 4세기 초까지 그리스도인들 사이에 있었다. 이것을 어떻게 생각하고, 믿고, 고백하느냐에 따라 서로 다른 신앙인의 모습과 교회의 모습이 갖추어질 수 있었다.

우리는 예수님이 완전히 죽어 무덤에 누워 계셨다고 고백한다. 바로 그분이 부활하신 것이다. 이런 고백을 우리는 사도신경에 담아 "십자가에 못박혀 죽으시고, 장사한

지 사흘만에 죽은 자 가운데서 다시 살아나시며"라고 고백적 표현을 하는 것이다. 죽음과 부활의 내용이 예수님이시기 때문이다.

오늘의 본문은 바로 그 부분을 실감나도록 묘사하고 있다. 빌라도에 의해, 백부장에 의해, 그리고 갈릴리에서 온 여인들에 의해 예수님의 죽음은 다시 한번 강조된다. 예수님의 시체를 세마포에 싸서 무덤에 모시는 장면 묘사는 이 장면의 극적인 면을 더 보여준다.

이 날은 준비일 곧 안식일 전날이므로 (15:42).

준비일 곧 안식일 전날 해질 무렵이라면 금요일 저녁 무렵이다. 예수님은 안식일이 지난 다음날 아침에 부활하셨다 (16:1-2). 이 둘 사이에 긴 적막이 흐르고 있었다. 이 순간의 적막이 다가올 위대한 사건을 이끌어가며 클라이막스의 분위기를 고조시키고 있다. 수난설화에서는 종종 중요한 순간에 적막한 시간이 흘렀다 (14:61; 15:33).

빌라도에게 들어가 예수의 시체를 달라 하니⋯
하나님의 나라를 기다리는 자라 (15:43-45).

아리마대 사람 요셉을 존귀한 공회원이요 하나님의 나라를 기다리는 사람으로 언급하고 있다. 마가는 그를 제자라고 표현하지 않는다. 제자들은 예수님을 배반하고, 예수님이 가장 어려웠을 때 도망갔다.

아리마대는 지명 이름이다. 유대의 중앙 산지, 예루살렘의 북서쪽으로 약 20마일 떨어진 곳에 있는 작은 마을이며 본래 구약시대에는 라마다임소빔이라고 불렸는데, 사무엘의 고향이기도 하다.

예수님을 따르던 사람들 중 한 사람이었던 요셉은 예수님을 따르는 사람으로서 해야 할 일을 한다. 그는 하나님의 나라를 기다리고 소망하는 사람이기 때문이다. 그는 단지 기다리기만 하지 않았다. 그는 용감하게 빌라도를 찾아가 시체를 달라고 요구하였다. 자신의 명성에 금이 갈 것을 각오하고 그는 해야 할 일을 했다.

요셉과 빌라도 사이에 시체를 놓고 대화를 나누는 장면이 극적이다. 예수님이 완전히 죽었음을 분명하게 드러낸다. 백부장이 이 둘 사이에 등장하여 대화를 매끄럽게 하며, 예수님이 완전히 죽은 것을 더 강조하는 역할을 수행하고 있다. 총독, 군대의 장교, 그리고 공회원 중에 하나가 예수님의 죽음을 확인하고 있다.

요셉: 용감하게 들어가 시체를 달라고 함
    벌써 죽었을까 이상히 여겨: 빌라도
 (백부장) 물어봄
 (백부장) 알아봄
   시체를 내어줌: 빌라도

바위 속에 판 무덤에 넣어 두고 돌을 굴려 무덤 문에 놓으매 (15:46).

십자가에 내려져서 돌무덤에 옮겨지는 장면이 활동 사진의 한 컷, 한 컷처럼 묘사되고 있다. 동사들을 적절히 사용함으로써 다음과 같은 장면들을 연출하고 있다.

(세마포를) 사서 → (예수를) 내려다가 → (그것으로) 싸서 → (무덤에) 넣어 두고 → (돌을) 굴려 → (무덤 문에) 놓으매

이 모든 일들을 혼자 하기에는 힘들었을 것 같은 생각이 들 정도이다. 여인들이 이 장면을 보고 있었다. 한편, 요한복음에서는 니고데모가 몰약과 침향 섞을 것을 백 리트라(1리트라는 약 327그램)쯤 가지고 와서 이 장례를 도왔다고 전하고 있다 (요한복음 19:39). 이렇게 예수님은 무덤에 묻혔다. 예수님은 완전히 죽으셨다.

막달라 마리아와 요셉의 어머니 마리아가 예수 둔 곳을 보더라 (마가복음 15:47).

이 장례 장면을 보는 여자들은 곧 증인이 된다. 예수님이 완전히 죽으셨다는 것을, 또한 어느 곳에 묻혔는지를 알게 되었다. 유대 관원들, 로마 관리들과 병졸들도 예수님이 십자가에 달려죽어 매장된 사건의 증인들이다.
부활 후 여인들이 무덤을 찾아갔을 때, 무덤 속에 있던 한 청년이 "그가 살아나셨고 여기 계시지 아니하니라"고 말하는 것은, 예수님이 확실히 죽으셨고, 돌무덤에 묻혔음을 다시 한번 확인시켜 주는 것이다. 그가 완전히 죽으셨기 때문에, 그는 많은 사람들의 대속물이 되실 수 있었다.
이 무덤은 그가 지상에서 가진 여정 중 가장 낮은 곳이었다. 인간들을 위해 그는 죽음에까지 이르렀다 (히브리서 2:9). 그 결과 우리의 죄로 인해 죽어야만 하는 운명은 사라졌다.

2. 생활 속의 이야기

　예수님에게 크게 희망을 걸고 3년씩이나 따라다니던 제자들에게 예수님이 죽으신 사건은 큰 충격으로 다가왔을 것이다. 그들은 어떻게 무엇을 해야 할지 몰랐을 것이다. 두려웠을 것이다. 좌표가 없어진 배처럼 허둥대었을 것이다. 그래서 그들은 예수님의 곁을 떠나기 시작하였고, 막상 예수께서 죽어 무덤에 묻힐 때에는 주변에서 그들의 모습을 감추게 되었을 것이다.
　우리가 이 어려운 미국 땅에서 생활하다가 어려움을 당할 때에도 실망하여 예수님 곁을 떠나는 사람들을 종종 보게 된다. 어려움에 처하게 될 때일수록 더 예수님 곁에 서 있어야 할 터인데, 그와는 반대로 예수님 곁을 떠나가는 사람들이 있음을 볼 수 있다.
　우리는 제자들이 사라진 공간을 통하여 나타난 세 인물을 바라볼 수 있어야 한다. 첫 번째 인물은 예수님 대신에 십자가를 진 구레네 사람 시몬이다. 우리는 예수님 대신에 십자가를 질 사람들이다. 두 번째 인물은 백부장이다. 그는 십자가에 달려 돌아가시는 예수님을 바라보면서 "이는 하나님의 아들"이라고 고백한 사람이다. 우리의 삶이 어렵더라도 우리 마음에서 지울 수 없는 사람이 하나님의 아들 예수님이시다. 세 번째 인물은 아리마대 요셉이다. 그는 자신의 지위와 재산을 생각하지 않고 용감하게 행동으로 옮긴 사람이다. 예수님이 가장 어려운 상황에 처해 있을 때, 그는 자신 있게 자신의 신앙을 고백하고 행동으로 옮긴 사람이다. 고통의 순간에 사라지는 사람들이 있는가 하면, 역경의 때에 드러나는 사람들이 또한 있다.

3. 묵상을 위한 질문

(1) 예수님을 무덤에 모시는 장면을 내가 직접 보았다면, 어떤 생각이 들었을까?

(2) 죽음과 같은 고통의 순간이었지만, 신앙 때문에 소망을 갖고, 극복한 경험들을 서로 나누어 보자.

4. 결단에의 초청

예수님을 따르던 무리들의 생각에 모든 것이 끝났다고 여겨질 때, 아리마대 사람 요셉이 등장한다. 예수님의 활동이 왕성하고, 따르던 사람들이 많았을 때, 그는 조용히 있었다. 예수님이 더 이상 활동하지 못한다고 여겨질 때, 그의 주변 사람들이 떠날 때, 그는 돌연히 등장하여 예수님 편에 선다.

그가 빌라도에게 예수님의 시체를 달라고 요구함으로써 예수의 제자임을 드러내는 것은 그에게 있어서는 커다란 용기와 결단이었다. 산헤드린이라고 불리는 공회의 일원이었던 그가, 예수님의 제자라고 말하는 순간, 그는 지위와 재산을 잃어버릴지도 모르는 모험이었다. 그뿐만 아니라 그의 전 가문이 크게 해를 받을지도 모를 일이었다. 사실 그는 이렇게 예수님의 시체를 내어달라고 요구하기 전, 한 때는 예수님을 따르는 사람임을 드러내기조차 두려워했던 존재였었다 (요한복음 19:38). 그가 어떻게 변하게 되었는지는 모르지만, 예수님이 돌아가신 것을 기점으로 확실하게 변했다. 예수님의 제자로서 자기 정체성을 확실하게 했다. 모든 것이 끝났다고 생각하는 상황에서 자신 속에 있는 믿음을 다시 한번 다지고, 그것을 통해서 예수님과의 관계성을 확립하고, 자신의 정체성을 찾았다. 그리고 그것에 바탕을 두어 자신이 해야 할 일을 구별해 내고, 그 일을 했다. 이런 신앙 정립의 과정과 결단, 그리고 행동을 오늘의 본문은 "하나님의 나라를 기다리는 자"라고 말한다. 하나님의 나라를 기다리는 사람은 죽음을 끝으로 생각하지 않고 시작으로 본다. 죽음은 오히려 과정이요, 하나님 사역의 시작이라고 본다. 그것을 통해 새롭게 자신의 정체성을 확립하는 것이다.

예수님의 이야기를 듣고, 마음속으로 믿고, 결단하면, 우리는 새롭게 태어난다. 나의 정체성이 새로워지는 것이다. 예수님 안에서 새롭게 맑아지고 태어나게 되는 것이다. 이런 결단을 통해 우리는 예수님의 제자답게 살아갈 수 있다. 모든 것이 끝났다고 여겨질 때, 그리스도께서 주시는 희망을 통해, 그것은 끝이 아니고 시작임을 볼 수 있다. 모두가 다 절망에 빠져 포기할 때, 오히려 담대하게 나설 수 있다. 이렇게 절망 속에서 희망을 볼 수 있는 성찰과 결단이 우리에게도 필요하다. 미국 땅에 사는 한인 공동체에는 이런 사람들이 필요하다.

제5과

같은 길을,
그러나 다른 생각을

마가복음 10:35-45

1. 성경 이해

본문은 예수님과 제자들이 예루살렘을 향해 가는 도상에서 일어난 사건을 다루고 있다. 본문 바로 앞 부분을 읽어보면, 예수님 당신이 수난 당할 것을 제자들에게 세 번째로 말씀하시는 장면이 나온다 (10:32-34).

예루살렘으로 걸어가는 동안 예수님은 그 곳에서 무엇이 기다리고 있는지 본인은 아셨다. 예수님은 알면서도 그 길을 걸어가고 계셨다. 결단과 각오의 심정으로 걸어가셨다. 또한 제자들도 그리하리라 생각하고 제자들을 데리고 같이 가셨다. 예수님과 같이 제자된 그들도 십자가를 질 결단을 한 것으로 생각하고 싶으셨다.

무엇이든지 우리의 구하는 바를 우리에게 하여 주시기를 원하옵나이다 (10:35-45).

돌연 예수님의 제자 중에 세베대의 아들 야고보와 요한이 예수님에게 다가와 이렇게 말한다: 선생님, 무엇이든지 우리가 구하는 바를 해주십시오. 어린아이가 부모한테 요구하듯이 두 제자가 예수님에게 말을 걸었다. 예수님은 제자들에게 예수의 이름으로 어린아이 하나를 영접하면 나를 영접하는 것이라고 가르치신 적이 있다 (누가복음 9:48). 두 제자는 어린아이를 영접하기는커녕, 어린애들처럼 예수님께 요구하고 있다.

요구 사항은 이런 것이다. 이제 곧 예수님이 영광을 받게 되면, 그 좌우편에 자기들을 앉게 해달라는 것이다. 예수님이 수난을 당하고 죽음을 맞게 될 것이라고 분명히 제자들에게 말씀하셨는데, 이 두 제자는 예수님이 영광 중에 임할 것이라고 생각하고 있다.

바로 며칠 후 예수님이 십자가에 돌아가셨을 때, 야고보와 요한은 양옆은커녕 주변에 얼씬도 하지 않음을 보게 된다. 예수님 양옆에는 강도 두 명이 함께 있을 뿐이다.

예수님은 두 사람이 무엇을 요구하는지도 모르면서 요구하고 있다고 생각하고, 다시 물으셨다. "내가 마시는 잔을, 그리고 내가 받는 세례를 너희가 받을 수 있겠는가" (마가복음 10:38)? 나와 같이 고통의 잔(14:36)을 마시고, 나와 같이 죽음으로 세례를 다시 받을 수 있는가 (로마서 6:3)?

야고보와 요한이 할 수 있다고 대답한다 (마가복음 10:39). 그 말을 듣고, 예수님이 다시 한번 그들의 결심을 반복해서 말씀하심으로 그들의 결심을 굳힌다. 그렇지만, 예수님의 좌우에 누가 앉을지는 자신도 모르겠다고 말씀하신다.

내가 마시는 잔과 내가 받는 세례 (예수: 38하반절)
       할 수 있다 (제자: 39상반절)
내가 마시는 잔과 내가 받는 세례 (예수: 39하반절)

예수님과 두 제자 사이에 깔려 있는 오해의 산을 우리는 볼 수 있다. 두 제자는 자신들이 원하는 것은 무엇이든지 해주기를 바란다. 그 내용의 성격은 "영광"과 연관되어 있는 것이다. 예수님이 영광의 자리에 앉으실 때 그 좌우편에 앉아 자신도 영광을 맛보는 것이다.

그런 제자들에게 예수님이 말씀해 주신 것은 제자들이 취해야 할 받아들이는 태도였다. 받아들여야 할 내용에 대한 선택권도 두 제자에게 있지 않다. 예수님에게서 나가는 것이다. 내용의 성격은 "고난"과 연관되어 있는 것이다. 예수님이 재판과 십자가에 달리며 죽을 때, 그 고난과 아픔에 참여하는 것이었다.

두 제자가 원하는 것을 누가 받을지 예수님도 모르신다. 아니 개의치 않으신다. 그것보다 더 중요한 것은 제자들이 해야 할 일이다. 제자들이 해야 할 일은 섬기는 일이다. 바로 그것을 예수님은 제자들에게 일깨워 주신다.

열 제자가 듣고 야고보와 요한에 대하여 화를 내거늘 (10:41).

더 한심스러운 것은 나머지 열 제자의 반응이다. 야고보와 요한이 말하는 소리를 듣고 그들이 "화를 냈다"고 한다 (41절). 성질 급한 베드로가 야고보와 요한의 멱살을 안 잡았나 싶을 정도이다. 나머지 열 제자도 야고보와 요한과 거의 같은 생각을 했거나, 최소한, 예수님이 하셨던 말씀의 의미를 거의 알아듣지 못했던 것 같다. 누구보다도 가까운 데서, 누구보다도 확실하게 예수님의 말을 들었을 사람들이다. 그런 제자들이 이런 행동을 하고 있다.

제자들은 예수님과 같이 길을 걸어가고 있지만, 예수님과는 전혀 다른 생각을 하고 있다. 같은 음악을 듣고 있지만, 서로 다른 춤을 추고 있다. 멋있는 유니폼을 입고 코치의 말을 듣지만, 전혀 준비가 되어 있지 않았다.

인자의 온 것은 섬김을 받으려 함이 아니라… (10:42-45).

예수님은 제자들과 당신 사이에 가로 막혀있는 오해의 산을 보셨다. 그 산을 넘기 위해 다시 한번 가르치신다. 이제 대상은 일반적인 사람이 된다. 누구든지 상대방의 사람들보다 크고자 하는 사람은 오히려 상대방을 섬겨야 하고, 으뜸이 되고자 하는 사람은 종이 되어야 한다고 (10:42) 가르치신다. 전방에 부정적인 예로 이방의 사례를 들고, 후방에 긍정적인 예로 당신의 모습을 말씀하신다.

    이방인들의 예 (41절)
        크고자 → 섬기는 자
      으뜸이 되고자 → 종
            예수님의 예 (45절)

세상 가치관에 있어서 위대함의 기준은 권력이다. 많은 사람들을 노예처럼 부릴 수 있다. 자신의 뜻대로 모든 것을 움직일 수 있다. 그 사람이 성공한 사람이다. 그러나, 그리스도의 가치관에 있어서 위대함의 기준은 봉사이다. 보다 많은 사람들을 위해 자신을 드린다. 상대방의 요구에 내가 수그리고 도와준다. 그 사람이 성공한 사람이다.

2. 생활 속의 이야기

예수님의 말씀을 듣고 열두 제자가 어떠한 반응을 보였는지 우리는 알 수 없지만, 그들의 마음속에 큰 변화가 있었음을 충분히 짐작할 수 있다. 그 후 두 제자의 삶을 보아도 야고보는 열두 제자 가운데 최초의 순교자가 되었다. 요한은 95세가 넘도록 밧모 섬에 유배당하여 박해를 받으면서 기도생활을 하다가 하늘의 감동 속에서 요한계시록을 기록하였다. 그리고 순교를 당하게 된다. 그렇게 같은 생각을 가지고 같은 길을 걷다가 두 사람은 이 세상을 하직했다.

우리의 열심과 예수님의 바램이 같을 수도 있지만, 다를 수도 있다. 열매 없는 사역 때문에 한스러움을 토로할 때, 예수님은 오히려 우리의 모습에 답답함을 느낄지도 모른다. 우리는 때때로 예수님과 같은 길을 가고 있는 것 같지만, 다른 생각을 품을 수도 있다.

내가 오늘 그리스도인이라고 고백하는 것, 교회에서 예수님 이름으로 봉사하는 것, 그리스도인으로 이 세상에 살아가는 것, 이 모든 것이 예수님과 순수하게 연결되어 하는 것인가? 예수님에 대한 그릇된 이해에서 혹은 나의 욕심에서 나오는 것은 아닌가? 그렇게 말하지 않지만, 예수님의 좌우편에 앉은 심정으로 교회 안에서 독점하다시피 일하려 하고, 드러내 놓고 봉사하고 있지는 않은가?

우리는 이 말씀 앞에서 솔직하게 자신을 내어놓고 들여다보아야 한다. 야고보와 요한에게 비웃음을 던지기 전에, 내 속을 들여다보아야 한다. 하나님의 이름으로 남을 섬긴다고 하면서 남보다 높아지려고 애쓰는 봉사생활, 나는 열

심인데 남에게 상처를 주는 헌신, 교회부흥을 빙자한 개인적인 야망으로 가득 찬 목회 등등. 그리스도의 말씀 앞에서 우리들은 솔직해야 한다.

이민교회가 당면하고 있는 큰 문제들 중 하나가 직분 문제이다. 집사, 권사, 그리고 장로가 되기 위해 많은 이들이 노력하고 있다. 장로 직분 때문에 교회를 떠나는 것은 말할 것도 없고, 큰 교회 분란의 원인이 된다. 그리고 교회 내에 이 신급제도가 없으면 교회 성장에도 막대한 지장을 초래하는 것도 사실이다. 어떻게 하다가 사역을 위하여 마련된 자리가 권력과 명예의 자리로 바뀌게 되었을까?

또 부끄러운 이야기지만 충분한 교육과 훈련이 없이 스스로를 목사로 부르면서 목사가 되는 경우도 많다. 왜 이렇게 교회 지도자가 많은가? 왜 문제가 생기는가? 우리에게 예수님의 제자가 보여야할 태도에 대해 오해가 생겨서 그런 것이 아닌가? 우리 속에 있는 욕망의 표현이 아닌가? 우리는 솔직해져야 한다.

3. 묵상을 위한 질문

(1) 예수님은 제자들에게 "내가 마시는 잔을 마시고, 내가 받는 세례를 받아야만 한다"라고 말씀하셨다. 내게 있어서 이것은 어떤 것을 의미하는가?

(2) 우리 주위에서 섬기는 삶을 살고, 종의 모습을 보이는 사람들이 있는가? 그분들의 삶의 태도를 나누고 서로 격려하는 시간을 갖자.

4. 결단에의 초청

무릎 꿇고 예수님을 다시 말씀 안에서 만날 때, 예수님의 따뜻한 품음을 맛볼 수 있다. 어린애 같이 칭얼거리면서 살아가는 우리를 이 모습 그대로 예수님은 받아 주신다. 그리고 우리에게 새로운 길을 제시해 주신다. 섬기면서 사는 모습이, 종으로서 사는 행동이 어떤 것인지 소곤소곤 말씀해 주신다. 당신의 삶을 예로 들고, 고통의 잔에, 죽음의 세례에 동참하도록 우리를 부르신다.

이제 우리는 예수님이 십자가에 돌아가셨다가 부활하셨기에 내 죄가 용서받았음을 고백하고, 그 곳에서 나오는 에너지로만 신앙생활하고 봉사하자.

섬김과 봉사는 바로 그 에너지에서 나오는 것이다. 가정에서 내가 아내로, 혹은 남편으로 상대방을 존경하고 서로 섬기면서 살아갈 수 있다. 자녀들에게 본이 되도록 봉사하면서 살아갈 수 있다. 그리스도의 이름으로 일터와 교회에서 종이 되어 살아갈 수 있다. 바로 이런 모습 때문에 우리는 우리가 속해 있는 조직을 이끌어 가는 지도자가 될 수도 있다. 바로 이런 모습 속에서 제자됨이 부끄럽지 않게 될 것이고, 이 미국 땅에 살아가는 우리의 정체성도 뚜렷해질 것이다.

우리에게 어떤 상이 주어질지 우리는 모른다. 예수님 좌우편에 반드시 앉아야 할 필요도 없고, 앉을 수 없을지도 모른다. 단지 예수님의 제자로서 그분이 가르쳐 주신대로 섬기면서 종된 몸으로 살아가도록 하자. 그분과 같은 생각을 가지고 그분과 같은 길을 걸어가는 이들에게 하나님의 축복이 함께 하실 것이다.

제6과
배반자와의 식사
마가복음 14:17-25

1. 성경 이해

십자가에 달려 돌아가신 것을 정점으로 펼쳐지는 여러 사건 중 하나인, 유월절 식사 장면을 오늘 우리는 읽는다. 겟세마네 동산에서의 기도, 체포당하심, 베드로의 부인, 재판, 십자가에 달리심, 그리고 부활로 이어지는 이야기들을 염두에 두고 읽는 것이 좋다.

유월절은 이스라엘 백성이 애굽의 종살이에서 벗어났음을 기념하면서 지키는 절기이다 (출애굽기 12장). 열 번째 재앙이 내릴 무렵, 하나님은 어린 양을 잡아 그 피를 문설주에 바를 것을 백성에게 명하셨다. 밤중에 하나님이 처음 난 것을 다 치셨지만, 양의 피가 문설주에 묻어 있는 집은 치지 않으셨다. 이 사건 이후에 이스라엘 백성은 애굽을 나올 수 있었다. 이 때 급히 떠나야 했기에 백성은 누룩이 없는 무교병만 먹어야 했다.

저물매 그 열둘을 데리시고 가서 (14:17).

유월절을 기념하여 예수님과 제자들이 함께 식사 할 곳을 찾는 내용이 재미있게 묘사되어 있다 (14:13). 제자

중의 둘을 보내시면서 성내에 들어가면 물 한 동이를 가지고 가는 사람을 만날 터인데, 그 사람을 따라가면 객실을 안내 받을 것이라고 말씀하신다. 이 물동이를 메고 가는 사람이 남자이다. 한국어 성경에는 명확하지 않은데, 영어 성경을 읽어보면 남성 명사로 쓰여 있다. 당시 물 항아리를 운반하는 것은 여자의 의무였다고 한다. 남자들은 결코 하지 않는 일이었다고 한다. 혼잡한 거리에 물 한 동이를 메고 가는 남자를 찾는 것은 우스꽝스러운 일이다. 그런데 실제로 가 보니, 정말 그런 사람을 만날 수 있었다. 예수님 말씀대로 제자들이 가서 이미 준비가 된 다락방을 찾을 수 있었다. 준비된 만남, 준비된 다락방.

바로 그런 곳에서 준비되었다기에는 가슴 아픈 일이 진행된다. 예수님이 열두 제자와 함께 식사를 하게 되셨다. 서론격인 17절을 제외하고 오늘의 본문을 우리는 두 개의 장면으로 구분할 수 있다. 하나는 18-21절이고, 다른 하나는 22-25절이다. 이 두 장면에 묘사된 예수님과 제자들의 행동, 그리고 대화 내용이 조금 다르다. 사용된 단어도, 그리고 분위기도 조금씩 다르다. 그런데 같은 것이 하나 있다. 같이 식사를 하고 있는 중이라는 것이다. 18절 첫 머리는 "다 앉아 먹을 때에"라고 시작하고, 22절 첫 머리는 "그들이 먹을 때에"라는 말로 시작한다.

나와 함께 먹는 자가 나를 팔리라 (14:18-21).

예수님은 식사하다가 제자들에게 누군가 너희들 중에 한 사람이 나를 배반하고 팔 것이라고 말씀하신다. 제자들이 근심하여 하나씩 그 사람이 바로 자기냐고 예수께 묻는다. 예수님은 누구를 지목하는 대답 대신, 첫 번째 한 말을 되풀이하신다. 이번에는 농도가 조금 더 깊어진다. 처음에는 "나와 함께 먹는 자"(18절)라고 했다가, 후에는 "나와 함께 그릇에 손을 넣는 자"(20절)라고 하셨다.

너희 중의 한 사람	나와 함께 먹는 자
"나는 아니지요?"	
열둘 중의 하나	나와 함께 그릇에 손을 넣는 자

많은 긴장과 서로 다른 생각이 지금 이 순간에 교차하고 있다. 예수님은 그 사람이 누구인지 알고 계시다. 그런데도 지목하지 않으신다. 그 자리에 있던 가룟 유다는 예수님의 말씀에 크게 마음의 찔림이 있었을 것이다. 그렇지만 그도 아무런 말을 하지 않았다.

자기가 그 사람이냐고 제자들이 개별적으로 예수님에게 묻지만, 그 사람이 도대체 누구냐고 찾지 않는다. 자신들과 동거동락하던 선생님을 팔 자가, 바로 지금 식사를 하고 있는 자신들 중에 있다고 하는 데도, 전혀 궁금해하고 있지 않다. 이들도 말이 없을 뿐이다. 말없는 침묵이 식사 중에 흐르고 있다. 원수와 함께, 설사 그렇지 않다고 하더라도 배반의 가능성을 가진 사람들이 모여 식사를 하고 있다. 선생과 제자라는 허울좋은 명목을 가지고.

예수께서 떡을 가지사 축복하시고 (14:22-24).

얼마나 시간이 흘렀을까, 예수님이 분위기를 다르게 인도하신다. 먹고 있던 떡을 가지고 (took), 축복하시고

(blessed), 떼어 (gave), 제자들에게 나누어주면서, 당신의 몸이라고 말씀하신다. 마시고 있던 잔을 들어 감사기도 하고 나누어주면서 당신의 피라고 말씀하신다. 이것은 "많은 사람을 위하여"(24절) 흘리는 당신의 피요, 그리고 몸이라고 말씀하신다. 이로 인해 예수님의 피와 몸을 마시고 먹은 "많은 사람들이" 새로운 언약 관계에 들어가게 됨을 암시해 주신다 (24절).

우리는 이 행동의 의미가 어떤 것인지 안다. 십자가에서 죽으셨다 부활하신 예수를 믿는 자들이 구원을 얻는다. 이런 자들이 모여 공동체를 형성한다. 그리스도인이라고 불림을 받는다. 이 모든 과정을 일컬어 새로운 언약 관계라고 말할 수 있다. 이스라엘 백성이 애굽을 탈출한 이후 율법을 통해 맺었던 옛 계약과는 다른 새 계약의 관계가 예수님을 통해 맺어지게 되었다.

예수님의 선포와 제자들의 참여로 인해 식사의 분위기는 바뀌었다. 이제 이 식탁에는 배반자 혹은 다른 생각을 가진 이들이 모인 것이 아니다. 그리스도의 피로 용서받은 이들이, 그렇게 될 사람들이 모인 것이다. 그리스도의 눈으로 볼 때 다 같은 형제요 자매인 자들이 모인 것이다. 배반자들의 식사가, 그리스도인들의 만찬으로 변하였다.

하나님 나라에서 새 것으로 마시는 날까지 (14:25).

이 모든 과정 밑바탕에는 예수님의 분명한 자기 정체성이 깔려 있다. 그는 당신이 하나님의 아들이고, 당신이 그리스도의 직분을 감당해야 할 것을 분명히 인식하고 계셨다. "하나님 나라에서 새 것으로 마시는" 날 (14:25), 그 날은 자기에게 주어진 사명을 다 감당하고 그로 인해 기쁨을 나누는 날이 될 것이다. 이 미래에 펼쳐질 일을 꿈꾸고, 자신이 해야 할 일 되새기면서 이 날의 그리스도인들의 만찬을 주도한 것이다.

그 과정 속에서 또한 예수님은 분명히 하나님의 사랑에 대해 떠올렸을 것이다. 예수께서는 하나밖에 없는 당신의 아들을 이 땅에 보내, 인간들을 구원할 만큼 사랑이 많으신 하나님 아버지를 다시 한번 확인하셨을 것이다. 그리고 그 사랑으로 제자이지만 원수가 될 사람도 감싸안고 같이 식사하셨을 것이고, 또한 그리스도인들의 만찬을 이끌었을 것이다.

2. 생활 속의 이야기

우리는 이렇게 해서 시작된 예수님의 선포를 기억하며 성만찬 의식을 갖는다. 예수님의 피흘리심을 기억하며 포도주를 마시고, 돌아가심을 생각하고 떡을 나눈다. 예수께서 우리를 구원하시기 위하여 고난 받으시고 죽으신 것을 기억하며, 그것이 예수께서 우리를 사랑하는 사랑의 표시로 믿으며, 그리고 그리스도인들끼리 예수님의 이름으로 새롭게 태어나 주님 안에서 형제요 자매로 연합된 사람들이라고 고백하면서 떡과 포도주를 나눈다.

그런데, 정말 우리의 속마음이 그럴까? 우리 모두는 다 같이 그리스도 안에서 새롭게 태어난 형제요 자매라는 생각으로 성만찬에 참석할까?

교회에는 다양한 사람들이 서로 다른 생각을 가지고 모인다. 한 장소에서 일정 기간 동안 예배를 같이 드리지만, 우리의 영혼 상태는 다르다. 예수님의 피와 살을 나누는 성만찬 때에도, 그것의 연장선인 예배 후 식사시간에도 우리들은 서로 다른 생각과 모습을 가지고 식사를 한다.

이러면 안되겠지만, 같은 포도주를 나누고 빵을 나누는 우리들 사이에 서로 외면하고 지내는 사람들이 있을 수 있다. 같은 한 통 속의 밥을 먹지만, 우리들 사이에 원수지간이 있을 수 있다. 겉으로는 그런 것 같지 않지만, 마음 속에서는 철천지 원수지간이 있을 수 있다.

한 교회 안에, 한 가정 속에, 한 일터에서 이런 관계가 형성되어 있을 수 있다. 이민교회 형편상, 이것들이 중복되어 어디든지 같이 다닐 수 있다. 이런 불행한 일이 우리들 사이에 벌어지지는 않는가?

예수를 따르겠다고 고백한 사람들이라면, 이 사실을 명심하고 삶 속에서 그것을 보여야 한다. 우리 마음속의 신앙과 형제 사랑이 우리의 몸짓을 통해 솔솔 피어나야 제자로서의 정체성이, 이 땅에 미국인들과 함께 살아가는 한국인으로서의 삶의 태도가 분명해진다.

3. 묵상을 위한 질문

(1) 예수님을 팔 때, 가룟 유다의 심정은 어떠했을까?

(2) 주일 예배 후 대부분의 교회에서는 공동 식사를 한다. 이것을 준비할 때, 혹은 함께 식사를 나누면서 무슨 생각이 드는가?

4. 결단에의 초청

예수님은 원수들일지라도 사랑하는 마음을 품고, 당신이 직접 십자가에서 돌아가시며 희생하심으로써, 사람들을 변화시켜 그리스도인을 위한 만찬으로 만드셨다.

우리도 하나님 나라를 꿈꾸며 내가 사랑하는 마음으로 나를 희생하면, 나를 통해서 우리의 관계가 회복될 것이다. 벌어졌던 관계가, 미워했던 관계가, 원수지간이었던 관계가 사그라지고 가까워질 것이다. 이로 인해 우리가 같이 나누는 성만찬과, 예배 후 갖는 식사시간이 새로운 의미로 우리에게 다가올 것이다. 나의 결단과 헌신으로 인해 원수들과의 식사시간은 끝나 버리고, 그리스도인들과의 공동 식사가 될 것이다.

교회에 오게 되면, 예수를 그리스도로 고백하게 되면, 우리는 모두 한 형제요 자매이다. 우리가 꼭 혈연을 나누어야만 형제이고 자매인가? 우리가 꼭 같은 피부를 가져야만 형제이고 자매인가? 우리가 꼭 같은 학교와 고향 사람이어야만 형제이고 자매인가? 그렇지 않다. 우리는 그리스도 안에서 새롭게 태어나고 새로운 정체성을 얻었다. 예수를 믿는 우리는 모두 형제요 자매이다 (갈라디아서 3:28). 교회에서 이것을 깨닫고 훈련받고, 이 미국 땅에서 우리는 그렇게 살아야 한다.

지금 이 순간 이 성경을 공부하고 있는 내가 그 일을 시작할 수 있다. 다른 이들의 허점을 지적하거나, 잘못을 말하기 전에, 하나님께서 내게 주신 일들을 기억하고, 내가 사랑하는 마음을 가지고 나를 희생하여 그렇게 할 수 있다. 어떤 식사가 되느냐는 나 자신에게 달려 있다.

제7과
가까이,
그러나 아직은 먼 곳
마가복음 12:28-34

1. 성경 이해

 마가복음 12장과 13장에는 예수님이 사두개인 혹은 바리새인들과 논쟁하시는 장면들이 연속해서 나온다 (11:27-12:34). 오늘의 본문은 이 논쟁 시리즈의 마지막 부분에 해당하는 것이다.
 오늘의 본문은 서기관의 질문에 예수님이 대답하시는 부분(12:28-31)과 예수님의 대답을 서기관이 반복해서 언급하는 부분(12:32-34)으로 구분할 수 있다. 앞 부분, 즉 마가복음 12:28-31의 내용은 다른 공관복음서에서도 찾아 볼 수 있지만 (마태복음 22:34-40; 누가복음 10:25-28), 마가복음 12:32-34에 나오는 뒷 부분의 내용들은 다른 공관복음서에는 없다.
 대화 형식으로 오늘의 본문이 꾸며져 있다. 당시 종교 지도자 중에 한 부류인 서기관 한 사람이 예수님에게 나와 질문을 던지자, 예수님이 그 질문에 대답하는 형식이다. 예수님이 대답하고 나자, 서기관이 다시 한번 예수님이 말씀하신 것을 반복한다. 서기관이 질문을 던질 때, 그리고 예수님이 하신 말씀을 반복할 때 비교법을 사용하신다. 분명하게 말하는 서기관의 말투에 부응이라도 하려는 듯, 예수님도 첫째, 둘째 등등의 서열을 정해 대답하신다.

모든 계명 중에 첫째가 무엇이니이까 (12:28).

예수님이 다른 이들과 변론하는 것을 듣다가, 율법을 가르치는 직업을 가진 서기관이 예수님에게 모든 계명 중에 첫째가 무엇이냐고 묻는다. 율법을 가르치고 배우는 관계에 있는 사람들 사이에는 이런 식으로 질문하고 대답하곤 했다고 한다. 가르치는 이나 배우는 이들이 서로 명료하게 핵심을 짚고 넘어가기 위한 방법이었을 것이다. 32절에, 이 서기관은 예수님을 "선생"으로 불렀다. 서기관이 알고 있으면서도 예수님에게 물어 보았는지, 몰라서 물었는지, 아니면 다른 이들처럼 예수님을 고발할 어떤 근거를 얻어 내려는 의도로 물었는지 명확하지 않다.

주 너의 하나님을 사랑하라 (12:29-31).

예수님은 하나님이 유일한 주이심을 먼저 선포하신다 (12:29). 예수님은 신명기 6:4-5와 레위기 19:18의 말씀을 잘 병행해서 대답하신다. 이 선포는 특히 초대교인들에게 큰 힘의 근거가 되었다.

예수님의 이런 가르침은 초대교회에 분명하게 전해졌고 그들의 고백이 되었다. "그러나 우리에게는 한 하나님 곧 아버지가 계시니 만물이 그에게서 났고 우리도 그를 위하여 있고 또한 한 주 예수 그리스도께서 계시니…" (고린도전서 8:6). 이 고백은 또한 우리의 고백이기도 하다.

예수님은 오직 유일한 주이신 하나님을 사랑하라고 먼저 가르치신다. 가장 먼저, 이 세상 어떤 것보다도 먼저 하나님을 고백하고 사랑해야 한다. 이 사랑은 겉으로 드러난 의무적인 것이어서는 안 된다. 내 속마음을 드려야 한다. 이 사랑은 사람의 모든 것을 다 드리는 것이어야 한다. 이 사랑은 우리의 순수한 목적 그것이 되어야 한다.

예수님은 또한 하나님과 이웃을 사랑하라고 말씀하신다. 예수님이 말씀하신 것을 대상 (하나님, 이웃), 해야 할 일 (사랑), 그리고 방법(마음과 목숨과 뜻과 힘을 다하여)으로 분류해서 정돈해 보면 다음과 같다.

대상	해야 할 일	방법
하나님	사랑	마음, 목숨, 뜻, 힘을 다하여
이웃	사랑	네 몸과 같이

이렇게 정돈한 후, 사랑해야 하는 일을 중심에 놓고 보면, 하나님 사랑과 이웃 사랑이 같은 흐름 위에 있고, "네 몸과 같이"와 곧 "마음," "목숨," "뜻," "힘"을 다하는 것이 같은 맥락에 있음을 알게 된다.

방법에 해당하는 부분을 자세히 보도록 하자. 우리의 감정을 담고 있는 마음 (heart), 이성을 이루고 있는 뜻 (mind), 영혼에 해당하는 목숨 (souls), 그리고 힘 (strength)이라는 것이 곧 우리의 육신을 상징하는 것으로 본다고 하면, 이것들은 우리의 모든 것, 우리 몸의 모든 것을 가리키는 것임을 알 수 있다. 이렇듯 "네 몸과 같이"와 같은 맥락을 이루는 것이다.

이렇게 놓고 본다면, 위의 것은 꼭 사랑하는 방법만을

지적하는 것이 아님을 알 수 있다. 그것은 또 하나의 사랑하는 대상을 말하는 것이다. 그 대상은 하나님을 사랑하고, 이웃을 사랑하는 자기 자신이다. 그 자기 자신을 사랑하는 것을 토대로, 그것을 가지고 전심을 다해 하나님을 사랑하고 이웃을 사랑하도록 권면하고 있다.

선생님이여 옳소이다 (12:32-33).

서기관은 예수님이 대답하신 것을 다시 한번 반복해서 언급하고 예수님의 말에 찬성한다. 그 때 "사랑하는 것"이 제사보다 낫다고 말씀하신다. "전체로 드리는 모든 번제물과 기타 제물보다도 나으니이다"(12:33하반절).

제사와 제물을 드리는 성전과 연관된 사람이 이런 말을 하는 것이 놀랍다. 어떻게 보면 서기관은 성전에서 일하는 신학자나 다름없다. 그런 사람이 이렇게 말하니까, 사랑해야 한다는 가르침이 더 강조되고 있다. 그렇다고 해도, 제물과 제사를 의미 없다고 해석할 수는 없다. "사랑"을 강조하기 위한 방법이었을 것이다. 그렇다고 예배드리는 삶이 의미 없는 것이라고 말하는 것은 아니다.

네가 하나님의 나라에서 멀지 않도다 (12:34).

서기관의 대답을 듣고 예수님은 지혜롭다고 생각하셨다. 그리고 그에게 하나님 나라에서 멀지 않다고 말씀하셨다. 그가 하나님 나라에 들어갔다는 것이 아니다. 멀지 않았음에 대해 언급하셨을 뿐이다.

2. 생활 속의 이야기

의미는 명확하다. 그러나, 그 실천은 모호하다. 재치 있는 대화법을 통해 분명하게 의미를 드러내고 있는 서기관이 삶 속에서도 그렇게 지혜롭게 행동했을까?

이웃 사랑은 말로만 하는 것이 아니라 행동으로 옮기는 것이다 (요한1서 3:18). 누가복음에는 예수님이 이웃 사랑의 예로 선한 사마리아인의 이야기를 한 것으로 나와 있다. 행동으로 옮긴 사람의 예를 든 것이지, 그런 생각만 가진 사람을 예로 든 것이 아니다.

다른 유색인종들에 대한 우리의 태도는 변해야 한다. 그분들 속에 계신 하나님을 보고, 그분을 섬기고 사랑하는 마음으로 대해야 한다 (로마서 3:29-30).

북한 및 중동 문제에 대해 우리는 또한 생각의 지평을 넓히고, 그들에 대한 사랑하는 태도를 넓혀야 할 필요가 있다. 말로만이 아니라 실제로 그들에게 필요한 것을 제공하면서 사랑을 보여야 한다 (출애굽기 22:21-27).

그들과의 관계 속에서 나를 발견할 수 있을 것이다. 그 속에서 나를 사랑할 수 있을 것이다. 이것은 이기주의와는 다르다. 이것은 나 자신의 것만을 챙기는 것과는 다르다. 이것은 하나님과의 사랑 속에서 나를 발견하고 나를 사랑하는 것이다. 이것은 이웃들에게 베푸는 과정을 통해 나를 발견하고 나를 사랑하는 것이다.

하나님의 나라에 들어가는 자는 예수님의 가르침을 말로만 하는 자가 아니라 행동으로 옮기는 자들이다. 믿고 고백하는 것이 중요하지만, 또한 그것을 행동으로 옮겨서 그 고백을 확증하는 것도 중요하다.

3. 묵상을 위한 질문

(1) 나를 사랑하는 것과 이기적인 것은 어떻게 다를까?

(2) 나와 다른 피부 색깔 혹은 종교를 가진 사람을 예수님의 이름으로 사랑하려면 어떻게 해야 할까?

4. 결단에의 초청

예수님은 가르치시기만 한 것이 아니라 그것을 행동으로 옮기신 분이시다. 예수님이 십자가에 달려 돌아가시는 희생을 통해 그는 자신의 사랑을 우리에게 직접 보여주셨다. 예수님은 구원을 말씀하셨을 뿐만 아니라, 구원의 다리를 몸소 열어 주신 분이시다. 그가 죽으셨다는 것은 곧 그가 자신의 모든 것을 바치셨다는 것과 마찬가지이다. 예수님은 자신을 포기하는 방법을 통해 우리를 사랑하셨다. 그렇게 해서 그는 예수 그리스도가 되셨다.

우리는 우리의 모든 것을 던져 하나님을 사랑하고 이웃을 사랑해야 한다. 우리의 감정과 이성, 우리의 영혼과 육신, 모든 것을 바쳐 하나님을 사랑하고 또한 그만큼 이웃을 사랑해야 한다. 이것이 구체적으로 우리의 삶 속에서 드러나야 한다.

사랑하라는 명령을 받은 사람은 바로 나 자신이고, 그 사랑을 삶 속에서 실천해야 할 사람도 바로 나 자신이다. 삶 속의 모든 것을 바치고 드릴 사람도 바로 나 자신이고, 삶 속의 모든 것을 사용해 사랑을 표시할 사람도 바로 나

자신이다. 사랑할 근거가 되기에, 나는 또한 나를 사랑할 필요가 있다. 이것은 또한 하나님과 이웃에게 모든 것을 다 드리고 바쳐서 사랑할 때, 비로소 내가 나 될 수 있음을 말하는 것이기도 하다. 내가 한 인간으로 의미 있을 때는 하나님께 모든 것을 바치는 사랑을 할 때, 이웃에게 모든 것을 주는 사랑을 할 때 비로소 가능한 것이다.

하나님에게 나 자신 모든 것을 드리자. 우리의 시간, 물질, 삶, 모든 것을 바치자. 그분의 이름으로 우리의 이웃들과 공동체 속으로 들어가 헌신하자.

우리가 하나님, 이웃, 그리고 나를 사랑하는 것을 행동으로 보여주면서 드러낼 때, 그 가치가 더욱 풍성하게 될 것이다. 이로 인해 하나님 사랑 속에서 기독교인으로 정체성을 발견하고, 이웃들과의 삶 속에서 우리 한인들의 의미를 발견할 수 있다. 미국 땅에 살면서 정체성의 문제로 고민하는 우리에게 큰 의미를 던져 줄 것이다. 그리하여, 이 땅에서 하나님 나라의 기쁨을 누리다가, 후에 하나님 나라에 기쁘게 들어갈 수 있을 것이다.

하나님 나라는 가까이에 있지만, 멀 수도 있다. "가까이, 그러나 아직은 먼 곳"이 바로 하나님 나라이다.

제8과
만민에게 전파해야 할 복음
마가복음 16:14-20

1. 성경 이해

마가복음의 마지막 부분인 16:9-20 안에 오늘의 본문이 자리잡고 있다. 마가복음 16:9-20은 학자들 사이에 논란이 많이 되고 있다. 다른 복음서와 사도행전에 나오는 내용들이 이 곳에 집중되어 있어 중복되는 인상을 주기 때문이다. 이 구절 속에 예수님이 부활 후 세 번에 걸쳐 사람들에게 나타난 것으로 나와 있다. 그 중, 막달라 마리아에게 나타나시는 장면은 (9-11절) 요한복음 20:14-18과, 엠마오로 가는 제자들에게 나타나시는 모습은 (12-13절) 누가복음 24:13-35와, 그리고 제자들에게 나타나시는 장면은 (14-18절) 마태복음 28:19와 유사한 생각이 들게 한다. 믿는 자들에게 나타날 표적들에 관한 내용도 사도행전에 자주 등장하는 소재들이다.

한편, 마가복음 16:1-8의 내용과 본문이 매끄럽게 연결되지 않는다. 이 구절에는 막달라 마리아가 야고보의 어머니 마리아와 살로메와 함께 안식 후 첫날 예수님의 무덤에 간 것으로 나와 있다 (16:1). 또한 무덤 안에 있었던 흰옷 입은 청년이 베드로를 비롯한 제자들에게 예수님이 살아나셨음을 전해 주고 갈릴리에서 만나자고 전해 줄 것을 부탁하는 것으로 묘사되어 있다. 이 부탁이 전해졌는지 안 전해졌는지 그 결말은 알 수 없다.

이와 같은 이유로 학자들은 마가복음 16:9-20이 조금 후대에 첨가된 것으로 생각한다. 그렇다고 하더라도 오늘날 신앙생활을 하는 우리에게 던져주는 의미의 정도는 차이가 없다. 초대교인들에게 던져주었던 신선한 교훈과 도전을 오늘날 우리들도 받을 수 있다.

그들의 믿음 없는 것과 마음이 완악한 것을 꾸짖으시니 (16:14).

부활하신 예수님을 만난 막달라 마리아가 "예수와 함께 하던 사람들"에게 가서 예수님이 부활하셨음을 전했지만, 그들은 믿지 않는다 (11절). 엠마오로 가던 두 제자가 예수를 뵈옵고 "남은 제자들에게" 고했지만, 그들도 또한 믿지 않았다. 예수님을 따르던 무리의 지도자인 "열한 제자들"도 그 사실을 믿지 못하고 있었다 (14절). 세 번이나 반복해서 믿지 못하는 사실을 드러내고 있다. 예수님을 그렇게 따르고 많은 가르침을 받았지만, 그것을 마음속에 새기지 못한 제자들의 모습이 적나라하게 드러난다.

예수님은 제자들에게 나타나셔서 이 사실을 냉혹하게 지적하시고 그들을 꾸짖으신다. 예수님은 제자들을 만나자 당신이 얼마나 힘이 들었는지 말하지 않았다. 제자들의 배반 때문에 오는 좌절감도 언급하지 않았고, 다그치지도 않았다. 또한 예수님은 당신이 고난을 이겨내고 부활한 것이 얼마나 자랑스러운지를 말하지도 않으셨다. 다만 믿음 없음에 대해 지적하고 질타하신다.

그분이 관심 갖는 것은 제자들의 "믿음"이었다. 제자들을 만나자 꾸짖지만 그 중심에는 제자들에 대한 사랑이 있었다. 그들의 영혼 속에 있어야 할 믿음에 대해 관심이 있었다. 굳었던 마음을 녹여서, 지금이라도 예수님을 믿게 하려는 의도로 예수님은 제자들을 혼내고 있었다.

너희는 온 천하에 다니며 만민에게 복음을 전파하라 (16:15).

믿음 없음을 꾸짖은 후, 예수님은 그 제자들에게 가서 말씀을 전하라고 명령하신다. 예수님은 단지 꾸짖으려는 의도로 제자들을 질타하신 것이 아니다. 그분은 제자들이 믿음을 가지고, 복음을 전하려는 열정이 생겨, 나가서 전하기를 원하셨다.

그동안 예수님은 많은 것들을 제자들에게 가르치시고 보여주시면서 그들의 믿음이 성장하기를 기다리고 계셨다. 이제 더 이상 기다리고만 있을 수 없으셨다. 이제는 행동에 옮겨야 할 때이다. 아니, 믿음은 단지 듣기만 혹은 기다린다고만 해서 생기는 성질의 것이 아니다. 명령에 순종하여 행동에 옮길 때, 믿음은 시작되고 확증 될 수도 있다. 예수님은 때와 방법을 아셨다. 그리고 적절하게 명령을 내림으로써 제자들을 자극해 주셨다.

듣는 이들이 믿을 것인가 믿지 않을 것인가는 우리가 걱정해야 할 영역이 아니다. 그것은 주님께서 그들과 함께 하실 일이다. 우리는 전하기만 하면 된다. 믿는 이들에게 하나님은 구원을 주실 것이지만, 믿지 않는 이들에게는 정죄를 내리실 것이다.

믿는 자들에게는 이런 표적이 따르리니 (16:17).

주님께서 이런 표적을 허락하신 이유는 "말씀을 확실히 증언하기"(20절) 위함이다. 복음이 확실하게 증거되기 위해 필요한 경우 이런 표적은 또한 일어날 수 있다. 오늘날에도 선교지에서 종종 이와 같은 기적이 일어났다고 간증하는 것을 들을 수 있다. 말씀이 보다 잘 전해지도록 하나님께서 함께 하셔서 이런 표적이 일어났을 것이다.

그렇지만, 또 다른 경로와 방법으로 복음이 확실하게 증거될 수 있다면 꼭 이런 표적이 일어나야만 한다고 바랄 필요는 없다. 또한 무슨 마술 부리는 속셈으로 기독교인이라고 자칭하는 사람들이 이와 같은 행동을 해볼 필요도 없을 것이다. 우리는 복음 증거가 잘 되게 하기 위해, 하나님은 어떤 방법을 사용해서라도 우리를 도우실 것이라는 믿음을 가지고 있는 것이 필요하다.

제자들이 나가 두루 전파할새 (16:20).

예수님이 말씀하신 그대로 제자들은 나가 (go out) 두루 (everywhere) 전파했다. 그들은 그들의 안식처에 안주하지 않았다. 그들은 예수님의 지상명령에 대해 즉각적인 반응을 보였다. 예수님이 말씀하신 대로 만민에게 (all the world), 그리고 온 천하(all creation)에 복음을 전했다. 이런 그들의 헌신으로 인해 복음이 전해져, 오늘날 우리도 예수를 알고 믿고 고백하게 되었다. 지금 말씀을 공부하고 있는 우리에게도 이런 반응이 필요하다.

2. 생활 속의 이야기

예수님은 만민에게 (all the world), 그리고 온 천하 (all creation)에 복음을 전하라고 말씀하셨다. 예수님이 이 말씀을 할 시대, 즉 농경 사회와 목축업이 주종을 이룰 때에는 사람들을 만나기 위해 "나가"(go out)야만 했고, 그리고 "두루"(everywhere) 돌아다녀야 했다. 그래야 여러 부류의 많은 사람들을 만나고 그들에게 효과적으로 복음을 전할 수 있었다.

그렇지만 지금은 상황이 변했다. 예수님이 이 말씀을 하셨을 때의 사람들과 지금의 사람들은 전혀 다른 환경 속에서 전혀 다른 필요를 느끼면서 살아가고 있다. 우리들의 대상은 광범위하고 그들의 삶과 태도 또한 전혀 다르다. 이런 변해 가는 사태를 주의하고, 그 변화의 물결을 수용하면서 복음을 전해야 할 것이다.

복음은 서로 다른 경로로, 서로 다른 방법으로 전해질 수 있다. 한 예로, 우리는 인터넷으로 더 많은 사람들을 만날 수 있다. 만일 내가 써 놓은 글과 그림 이미지가 많은 사람들을 자극하고 필요한 것이라면, 사람들이 내가 만들어 놓은 사이트에 더 많이 들어올 것이다. 그들에게 우리는 나의 웹사이트의 글과 이미지들을 통해 복음을 전할 수 있다. 이런 사람은 밖으로 나가면 안되고, 오히려 방 안으로 들어가, 인터넷 속으로 들어가야 한다.

문화 사역자들의 노력도 눈에 들어온다. 가수, 스포츠 스타, 혹은 연예인들을 통해 예수 그리스도가 전해진다. 이들이 출연하는 영화나 영상 이미지들을 통해 복음을 전할 수 있다. 그들이 부르는 노래, 몸짓 행동 등이 청소년들에게 미치는 영향은 대단하다. 이런 경로를 통해 그리스도를 전할 수 있다. 이런 사람들은 나가서 두루 돌아다니기보다는 자기가 있는 공간 안으로 사람들을 끌어당겨야 복음을 더 효과적으로 전할 수 있다.

우리들 모두는 서로 다른 은사와 직업을 가지고 살아가고 있다. 복음을 들고 불모지에 가서 전하는 선교사들을 위해 기도하고 도와야 하지만, 또한 나의 삶의 자리에서 우리는 나의 달란트로 복음을 전할 수 있다. 아니 오히려 변해 가는 지금의 세대에 더 맞는 방법일 수도 있다.

3. 묵상을 위한 질문

(1) 나의 직장 혹은 거처에서, 어떻게 세상 사람에게 접근하고, 복음을 전할 수 있을까?

(2) 문화 사역자들을 어떤 방식으로 도와 줄 수 있고, 그 사역에 참여할 수 있을까?

4. 결단에의 초청

가만히 우리의 삶을 들여다보면, 믿는다고 말은 하지만 삶 속에서 믿는 모습이 드러나지 않을 때가 더 많다. 살아가면서 결단이 필요할 때, 우리는 예수님의 가르침과는 다르게 결정할 수 있다. 가난한 자, 고통스러워하는 자, 혹은 약자와 자신을 동일시하고 그들 편에 서서 도와주지 못할 때가 더 많다. 강하고 부유한 자들에게 더욱 마음을 쏟고 그들 편에 서서 우유부단하게 살 때도 있다. 복음이 삶을 통해 드러나는 것이 아니라 오히려 가려지고 있다. 예수님은 이 모습을 보고 우리를 꾸짖으실 것이다.

이제 우리는 그 껍질 속에서 벗어나야 한다. 단지 듣기만 하는 것이 아니고, 고민만 하는 것이 아니고, 과감하게 예수님의 명령에 순종해야 한다. 방법은 여러 가지일 수 있다. 우리의 삶 속에서, 나의 일터에서 그리스도를 위해 결단하고, 예수님이 가르쳐 주신대로 우리가 행동함으로써 복음을 드러내도록 해야 한다.

복음을 들고 직접 전하는 선교사들을 위해 우리는 기도하고 지원할 수 있다. 그들이 사역하다 지치지 않도록 지원할 수 있다. 선교사들로부터 현장 소식을 듣고 배워, 선교지에 대한 우리의 인식을 새롭게 할 수도 있다. 이런 모든 과정을 통해 선교에 참여할 수 있다.

또한 문화 사역을 통해 복음을 전할 수도 있다. 만화, 영화, 음악, 스포츠, 그림, 연극, 멀티미디어 등을 통해 그리스도가 살며시, 때로는 선명하게 전해질 수 있다. 특히 멀티미디어는 청소년들에게 복음을 널리 전할 수 있는 가장 강력한 도구로 떠오르고 있다. 이런 변화를 알고 사역에 적극 참여하도록 하자. 나의 달란트를 개발하고 그 사역에 헌신하도록 하자. 그 분야에서 헌신하는 자들을 격려하고 도와주도록 하자.

이렇게 복음을 삶 속에서 드러내고, 선교사들을 지원하고, 다양한 방법을 통해 복음을 전할 때, 우리는 예수 그리스도의 명령에 진정으로 순종하며 사는 제자가 될 것이다. 복음이 온 천하 만민에게 두루두루 전해지게 될 것이다.

맺는 글
나는 예수님을 누구라 하는가?

　예수님이 나의 그리스도임을 마음으로 믿고, 고백하면 나는 그리스도인이 된다. 이 고백과 하나님과의 관계 속에서 나를 찾을 수 있게 된다. 이러한 신앙고백이 우리의 정체성을 형성해 나간다.
　예수님이 가르쳐주신 대로 살고자 애쓰면, 나는 그분의 제자가 된다. 이 몸부림, 그리고 이웃들과의 관계 속에서 나를 확립해 나갈 수 있게 된다. 믿는 것을 행할 때 우리의 정체성을 형성해 나갈 수 있다.
　그리스도에 대한 신앙고백과 실천이, 미국 땅에 한국계 미국인으로 살아가는 바로 내 안에 건강한 자기 정체성이 확립되도록 만들어 주는 원천이 된다. 우리가 중요하다고 여기는 그것들(재물, 친구, 가족, 명예, 성공, 건강 등등)은, 이 안에 있을 때 의미가 있을 뿐이다.
　마가복음을 공부하면서, 예수 그리스도에 대한 새로운 깨달음과 결단이 있게 되었기를 기대한다. 날마다 삶 속에 변화가 일어났기를 소망한다. 그것이 믿음의 씨가 되어 무럭무럭 자라나기를 기도한다. 내 안에 있는 건강한 자기 정체성에서 나오는 에너지가 가족, 교회, 그리고 공동체에 엄청난 힘이 될 수 있도록 여러분을 축복한다.
　이 책을 덮을 때, 내 가슴속에서 거침없이 튀어 나와야 한다: 예수님이 그리스도이심을 나는 믿는다!!!

www.ingramcontent.com/pod-product-compliance
Lightning Source LLC
Chambersburg PA
CBHW061249040426
42444CB00010B/2310